シリーズ国語授業づくり

交流

広げる・深める・高める

監修 日本国語教育学会　企画編集 福永睦子

編著 藤森裕治・宮島卓朗・八木雄一郎

東洋館出版社

まえがき　魅力的な「国語」の授業のために

話す力は、話す活動を通して身に付きます。ですから、「話すこと」の学習においては、話す活動自体を、学び手にとって充実したものにしなければなりません。充実した話す活動を通して、初めて「話すこと」の力は学び手自身のものとして身に付くのです。

「書くこと」の学習も、「読むこと」の学習も同じです。すべての言語能力は、それぞれ充実した言語活動を通して学び手のものとなります。小学校においても、中学校・高等学校においても、「国語」の学習は、充実した言語活動として成立させなければなりません。

「国語」の学習として、言語活動を学び手にとって生き生きと充実したものにする――それが国語単元学習です。すなわち、国語単元学習は、学び手にとって、生きた実の場の言語活動を通して、国語学習を成立させようとするものです。

国語単元学習には、活動形態としては様々なものがありますが、大事なことは、学び手が自らの課題を中心に、情報の収集・再生産の活動や、協働的な交流活動などを行い、主体的に課題を追究し、解決していくプロセスを、学習活動として組織することです。一貫した課題追究の過程が、学び手自身のものとして成立するとき、「国語」の授業は魅力的なのです。

「国語」の授業を、魅力的な言語活動の実の場として成立させたいと思います。そのためには、学び手が自ら参加することで、その活動が学習として有効に成立するようにしなければなりません。教師の学習支援としての「発問」も「板書」も、また課題解決のための調べ学習や、協働学習としての交流活動も、「国語」の学習としての言語活動をより一層充実したものにする上で重要な手がかりとなるものです。

本シリーズは、単元学習を柱として展開する参加型の国語授業を成立させることをねらいとしていますが、まず初めに、教師が心得ておくべきことを、六冊にまとめました。

なお、今日、「アクティブ・ラーニング」という言葉で課題解決の活用型の学習が求められるようになっていますが、それこそ私たちの日本国語教育学会が一貫して求めてきた単元学習の特質の一つです。また、協働的な学習も、単元学習を成立させる課題追究の「交流活動」として実践してきたものです。そのような点で、本シリーズにはこれからの時代の国語科の可能性を拓く鍵が、間違いなくあると言っていいでしょう。

本シリーズは、教師としてのスタートラインに立った若い先生方に、ぜひ手にとっていただきたいと思っています。同時に、ベテランの先生方にも、ご自分の経験をふり返り、改めて実践の方向を見据えていく上で、ぜひ目を通していただきたいと思います。また、それぞれの地区や校内で指導的な立場に立っておられる先生方にも、教育実践のレベルアップのために、改めて参考にしていただきたいと思います。

本シリーズは、日本国語教育学会の教育情報部の事業として、小学校部会と合同で、各巻担当の学会理事によって企画・編集・執筆され、東洋館出版社のご尽力により刊行の運びとなったものです。

平成二十七年七月

湊　吉正（日本国語教育学会会長）

田近洵一（日本国語教育学会理事長）

もくじ

Ⅰ章 言葉の学びにおける交流の意義と役割

Ⅱ章 「交流」の基礎・基本

Ⅲ章 「広げる・深める・高める」交流

Ⅳ章 交流を重視した単元の構想と実践例

Ⅰ章

言葉の学びにおける交流の意義と役割

1 交流とは何か

1 伝え合いと交流

交流とよく似た用語に「伝え合い」があります。違いは何でしょう。

学習指導要領では、平成十年から「伝え合う力」の育成について謳われています。「伝え合う力」とは、「人間と人間との関係の中で、互いの立場や考えを尊重し、言語を通して適切に表現したり正確に理解したりする力」（小学校学習指導要領解説　国語編より）のことです。つまり、

（1）互いに尊重することのできる人間関係の中で行う。

（2）複数の主体同士で、音声または文字によって自分の考えを発信・受信しあう。

この二つを満たす言語活動が伝え合いです。

交流も、基本的には同じ活動を指しますが、大きく異なるのは次の点が加わっていることです。

（3）**伝え合いの中でやりとりされる対象を評価する。**

伝え合いの中で様々な情報を発信したり受信したりするとき、その情報にはどんな意味があるか、どういう意図で発信されているか、互いの人間関係にどんな影響をもたらすか、適切な言葉で表現さ

れているか、きちんと理解することができるかなどについて評価し合いながら、互いに協力して言語活動を進めることが、交流という活動の基本的な姿です。

伝え合いに評価という活動が加わって交流が成立するのだとすると、これを成立させるためにはどういう条件が求められるでしょうか。

言うまでもなく、評価する人とされる対象との間に、交流を可能にするだけの環境が整っている必要があります。ここで言う対象には、次の三つの要素があります。

①活動の場に示された話題、事例、事実などの客観的な情報

②相手の立場、解釈、考え方などの主観的な論理

③自分自身のものの見方や考え方などの内面的な態度

評価される対象が①の場合、交流という活動を進める主体には、目の前の情報が持つ意味や意図、表現内容や方法について評価するだけの**知識や観察力**、**調べる力**などが求められます。例えば『ら抜き言葉』は言葉の乱れと言えるか」という話題について討論する活動を構想し、これを交流として位置付けるとしましょう。このとき、参加する主体が「ら抜き言葉」が何のことか知らなければ、討論で示される情報の真偽や正誤を評価することができません。もちろん、初めは知らなくとも、それについて調べる力があれば、時間はかかりますが交流に発展させることはできるでしょう。ただし、調べる力もなければ、あったとしてもそれを使うことがなければ、交流は成立しません。子どもたちの多くが「ら抜き言葉」のことをよく知らなかったら、まずはこれに該当する用例や文化庁の世論調査資料などを素材にして、彼らの知識と学び方をたがやしておかねばなりません。

評価される対象が②相手の立場、解釈、考え方などの場合はどうでしょう。この場合は、評価する側とされる側との人間関係が、**互いを尊重し信頼するものになっていること**が大前提となります。イギリスの学校では、このことをフェアな人間関係（fair relationship）と呼び、あらゆる学びで大切にされています。例えば、自分が書いた意見文を相手に読んでもらってコメントをもらう活動を計画したとしましょう。このとき、自分と相手との間に信頼関係があれば、相手のために厳しい意見も率直に伝えることができるはずです。しかし両者の間がそういう関係になければ、正直な評価ができません。発表学習の場面で、相互評価のための用紙を配り、発表者についてコメントを記す授業がしばしば見られます。このとき、「よかった」とか「すごい」などの一言だけ書いてすませる子どもがたくさんいたら注意して下さい。発表者への関心がなく、変なことを書いて嫌われたくないという思いだけで書き留めるような活動は、交流ではありません。

さて、評価される対象が③自分自身のものの見方や考え方などの場合、すなわち自己評価を行う場合、大切なのは、自分自身が相手からいろいろ言われたことを**謙虚にかつ自信をもって受け止めることのできる態勢**です。自分の意見がすげなく否定されたとき、どこに欠陥があったのかを冷静に考えることなく、否定した級友を恨むようでは話になりません。

自己評価は、交流という活動全体を通して、常に意識すべき営みです。**自己を客観視して他者との関係や目の前の学びに埋め込まれた意味を批判的に省察する**、その態度と力を仲間とともに鍛えることが、交流という学びの原理なのです。そしてこれを言葉の学びとして展開するとき、子どもたちに育てたいのは、右の態度と力を培うための語彙力と批判的思考力です。詳細は後で述べます。

2 通じ合いと交流

温度を摂氏で計測する人と華氏で計測する人とがいて、誰がどの目盛りを使っているのか知らない状態を想像して下さい。対象は同じ温度のはずなのに、計測した人が用いた目盛りによって異なる数値が出てしまいます。これでは円滑なコミュニケーションができません。同様に、交流という活動では、対象を評価するために使うのものさしについて、**参加する人々の間で共有された基準や水準**が必要となります。

言葉の学びで難しいのは、使われるものさしが摂氏・華氏のようなはっきりしたものになるとは限らないことです。例えば、書かれた文章が文法的に正しいかどうかは、客観的に共有された基準に基づき、厳密に評価することができます。けれども、それが味わいのある文章になっているかを互いに評価しなさいと言われたら困ってしまうはずです。

私たちが言語活動で扱うテクストの中には、「味わい」、「よさ」、「美しさ」といった主観的な印象でしか言い表せない要素があります。これらの要素にもとづいて対象を評価する際に、客観的なものさしを事前に共有することはおそらく不可能ですし、してもあまり意味がありません。この場合、まずはその要素について、参加する主体が抱いた印象を語り合う必要があります。そして、様々な印象が語り合われる過程で、こういう感じを満たしていることが「味わいのある文章なのだ」と共感され、その共感的な思いを維持しつつ、参加者が矛盾なくコミュニケーションを展開するとき、その場には参加者に共有されたものさしが産まれたことになります。

もとより、このようなものさしは、誰かに先導されて産まれるものでも、配られた手引きにしたがったものでもありません。主体と主体のあいだに産まれるつながりのような感覚です。非常にあいまいで非科学的な活動のように思われますが、生身の人間同士に対して行う評価は、こうした感覚を経験しなければできません。なぜなら、私たちの社会的な価値や存在理由は、物理的・客観的な目盛りによって計測されるようなものではなく、人と人とのコミュニケーションを経験するただ中で流動し変容し、そして充実していく動きそのものにあるからです。

この動きにおけるそれぞれの価値や意味をとらえるためには、かかわる相手との共感的なつながりが必要です。自分がそう思っているように相手も思っているのだという感覚を互いに抱くことによって、いわば通じ合うことによって、評価は血の通ったものとなります。コミュニケーションの語源には、共同体という意味があります。共同体とは、ある価値観やものの見方、考え方において、互いの個別性を認め、なおかつ互いに理解し合っているという一体感によって築かれます。互いに通じ合ってこそ、人格的に尊重し合った交流が産まれるのです。

コミュニケーションを「通じ合い」と訳したのは西尾実です。西尾は、コミュニケーションは社会的な相互作用であり、個人的な表現・理解活動ではないと断言しました。西尾の薫陶を受けた倉澤栄吉はこの考えを発展させ、社会的な相互作用の場に存在するのは個々別々の人間ではなく、人と人との関係だという認識を世に示しています。私たちが言葉を通して互いにかかわる過程で一つの関係性が成立したとき、その関係性が成立している限りにおいて、私たちの社会的な存在（例えば教師と学習者）が認められると考えるわけです。

さて、人々のかかわる言語活動を「通じ合い」として見たとき、交流という活動はどのようなものとして認識することになるでしょうか。ここでは三つ示しておきます。

一つ目は、交流として行われる言語活動を個人的な発信と受信としてではなく、**社会的な相互作用**として認識することになります。例えば、互いにスピーチをしてコメントし合う活動を展開する場合、参加者を話し手と聴き手に分けるのではなく、すべては参加者による相互作用としてとらえるのです。そうすると、スピーチは話し手・聴き手の役割をもった参加者による共同作業であるという認識が生まれます。この認識にもとづけば、聴き手が一方的に話し手の巧拙を判ずることなどできません。事実、私たちは聴き手の態度や反応に大きく影響されながら話をしているはずです。

二つ目は、評価のものさしを固定的で与えられたものとしてのみ考えなくなります。即興的な対話や討論は、**本質的に予測不可能な言語活動**です。このような活動で参照される評価のものさしは、事前に完全に定めることはできません。実際に対話や討論を行った後でその過程を振り返り、どういうものさしでいま行われたやりとりを意味付けすることが適切なのかを考えさせるべきです。

三つ目は、**評価の対象を関係としてとらえる**ことになります。「伝え合いと交流」で挙げておいた三つの評価対象は、実際の言語活動場面では分かちがたい関係性をもってかかわります。例えば「『ら抜き言葉』は言葉の乱れか」というテーマで意見文を作成し、互いに評価する活動を取り入れた場合、書き手がどういう言語生活にあり、論題とどういう立場でかかわっており、評価言を記す主体は書き手にどういう立ち位置で向かっているかといった要素が深くかかわってきます。これらを総合的にとらえ、今ここで行われている言語活動にはどういう意味があるのかを省察するのです。

2 交流することの意義と役割

1 人間関係をはぐくむ

交流という活動は、単元のまとめ段階だけで行うものではありません。例えば物語や小説の読みの単元を始める際、作品のタイトルからどういう話であると予想できるか話し合うとか、報告文を作成するにあたって関連する情報を取捨選択するといった活動にも、交流の要素はふんだんにあります。仮に、それらの活動ではっきりとした評価が見えなかったとしても、ある話題をもって互いにかかわることは、参加者たちに一つの人間関係をもたらします。その意味で、まずは交流という活動をやってみることが、何よりも大切です。失敗しても頓挫してもかまいません。後で振り返ればよいのです。

交流という経験を重ねさせる上で重要なのは、設定された活動を遂行しているときに生じる人間関係が**その場限りの限定された関係である**という認識をもたせることです。そしてその限定された関係を様々に経験させると、子どもたちは互いの人柄や資質について、様々な面を垣間見ることになります。互いを尊重することのできる人間関係をはぐくむためには、かかわる人のバリエーションが多様に開かれている必要があります。そして、ある部分は足りなくともこの部分では一目置かれるものをもっているという個性の集まりをめざしましょう。とかく、子どもたちの人間関係は極めて狭くなりがちです。そして、一度悪い印象をもってしまうと、相手の全人格を否定するような反応をするケースも珍しくありません。授業の様々な場面に交流活動を持ち込むことは、そうしたステレオタイプな人間評価をつつしむ態度を培う上で有効です。

2 思考を広げ深め高める

交流活動を行うと、子どもたちは大別して三つの思考を経験することになります。ここではそれを「広げる思考」、「深める思考」、「高める思考」と命名しておきます。言葉の学びにとって、これらの思考を豊かに展開することが、交流活動における大切な意義となります。

広げる思考：批判や否定をいっさいせず、互いの内にあるものを自由に出し合う活動を通してはぐくまれる思考です。ブレーンストーミングという活動が有名です。批判や否定をしないということは、もちろん評価をしないことではありません。出される情報をすべて認めるという「評価」です。自分の発言が丸ごと受け容れられるという経験なくして、人は人前で自分の立場や考えを表明することはできません。また、互いが持ち出す情報を見ると、誰がどういう点に詳しいかとか、どんな関心をもっているかがよくわかります。そして、互いの言葉を自由に交わし合う中で、級友が独自に使っている語彙に出会い、それに啓発されて自分の語彙が増えていきます。交流活動に限らず、言葉の学びの基礎・基本は、**個の語彙体系を豊かできめの細かいものにすること**に尽きます。広げる思考がはたらく交流活動によって子どもたちの語彙を育てることが、言葉の学びの第一歩です。

深める思考：広げる思考によって様々な情報を収集した後、この情報は正確か、適切か、複雑かといった観点で吟味する活動を通してはぐくまれる思考です。討議・討論やディベート、パネルディスカッションなどがこれにあたります。深める思考の中で最も重要な言葉の力は、**批判的思考力**です。批判的というと対象の揚げ足をとるようなイメージを抱きがちですが、そうではありません。自分の前に示された情報の裏側や根っこに何があるのかを洞察し、その意味をしっかりと把握することのできる思考を指します。深める思考がはたらく交流活動は、緊張感に包まれます。安易にこれを行うと、人間関係にヒビを入れてしまうこともあります。広げる思考がはたらく交流活動をしっかりと経験させた上で行うことが肝要です。

高める思考：広げ深める思考とともに、あるいはそれらの後で経験される思考です。様々な情報に触れ、その内実を吟味しながら、人はそこにまだ出されていない理想的な情報を求めます。例えば物語の登場人物の心理について互いの考えを自由に出し合い（広げる思考）、それぞれの考えの根拠や意味づけの妥当性、納得の度合いについて議論を重ね（深める思考）、対象とそれにかかわる級友たちの考えが見えてくると、対立する見解をまるごと包むような高い次元の解釈はないかと思い巡らすようになります。あるいは、まだ誰も気づいていない事実や解釈が本文の描写に隠されているのではないかと、作品を丹念に読み返したりします。このような活動をしたくなるとき、子どもたちは**自らの思考を高めたいという欲求**に満たされています。

3 自分のことを知る

すべての交流活動が最終的にめざすのは、自分自身に対する評価の力を付けることです。いわゆる自己評価能力ですが、自己評価はたんに課題に対する自分の出来具合を査定するだけではありません。交流活動の全体を通して、話題、素材、他者とどのようにかかわっているのかを自覚しながら、当面する課題に向かうことによってはぐくまれるのが自己評価能力です。例えば次のような項目が挙げられます。

・自分はこの課題や資料に対してどの程度の知識をもっているか。
・自分はこの言語活動をするのが好きか、そうでもないか、それはどうしてか。
・自分は一緒に活動を進める級友に対してどのような感情をもっているか。
・級友は自分のことをどう思っていると推測できるか、それはどこからわかるか。
・自分が今行っている活動にはどういう意味や意義があるか。
・自分にとって、今の活動はやさしいか、ふつうか、難しいか。
・自分は一緒に活動を進める級友のためにどう役に立っているか、立ったか。
・級友の言葉や考え方の中で、自分になかったものは何か。
・級友の自分に対する認識に変化があったと考えられるか、それはどこからわかるか。
・自分はこの課題に取り組んで何を得たか、また未完に終わったのは何か。
・次に自分はどういう課題に取り組んでみたいか、取り組まねばならないか。　……等

挙げればきりがありません。級友との交流活動を通して自分と向かい合い、やがて自立した個としての自信を得ていく。そのために正確に、適切に、豊かに表現し理解する言葉の力を身に付けていく。それこそが、交流という活動の意義であり、また、言葉の学びにおける役割でもあるのです。

4 協働性を培う

最後に自己評価能力と深くかかわる協働について触れておきます。協働（collaboration）とは、ある課題が複数のメンバーに課されたとき、それぞれの持ち味や得意な部分が生かせるように互いの役割を見出しながら、協力してこれに取り組むことを言います。似た言葉に共同、協同（cooperation）という言葉があります。こちらも複数の人や団体が協力して物事に取り組むという意味では同じですが、課題に取り組む主体は、全体の中の一部という位置付けになります。音楽で言えば、交響曲の譜面に従ってそれぞれの楽器を奏でるイメージです。これに対して協働とは、その楽曲をどう演奏するかがそれぞれの奏者に任されたまま、ともに演奏する行為です。どちらも調和して響き合わなければ美しい音楽になりませんが、誰がそのよさを評価するかという点では決定的な違いがあります。

共同・協同の評価は、全体の営みを統括し、観察する立場が務めます。当事者ではありません。一方、協働の場合、その取り組みが豊かで深いものになっているか、互いに調和しているかという評価は、他ならぬ本人が下すことになります。つまり、自己評価をしながらともに一つの課題に取り組む姿が協働なのです。このような営みで培われる学びの態度を「協働性」と言っておきましょう。

交流という言語活動は、協働性を培いながら自己評価能力を高める活動です。そこでは、それぞれの学び手の主体的な考えや判断が尊重されながら、ともに学ぶという姿勢が求められます。どんな関心や問題意識をもってともに学ぶか、その選択権は学ぶ本人に委ねられます。子どもたちは自らに選択権が与えられると、信じられないほど強い責任感と積極性をもって課題に取り組みます。

Ⅱ章

「交流」の基礎・基本

Q

1　よりよい交流のための人間関係づくりはどうしたらよいですか？

A　だれの意見でも発言でも、価値がある、意味があるということを感じていることが大切です。

①まずは、先生が子どもたちのどんな発言や行為も、否定的にとらえないようにしましょう。

なるほど。そう考えたんだ。

まず、発言を共感的に受け止めます。

うーん。他の考えは？

教師が期待した発言だけを求めていると、子どもたちの人間関係は悪くなってしまいます。

②友だちの話や発言を聞くときのルールを決めましょう。そして、すてきな姿は大いに認めましょう。

【よい聞き方のルール例】

聞き方あいうえお
あ　い（目）を見て
い　すにきちんとすわり
う　なづきながら
え　がおで
お　わりまで
しっかりと聞こう

❶ 先生の聴き方が子どもたちの交流のための人間関係をつくっている

「隠れたカリキュラム」という言葉があります。無意識的な先生の行動が、学級の規範になっていくというものです。次のような先生の発言があると、よりよい交流が生まれる人間関係はつくれません。

○教師が期待していた発言が出てこないときに、「他には」「他には」と言う。
↓「□□さんは、間違えたんだ」「違うことを言ったんだ」という意識が生まれます。
○教師が期待していた発言が出てきたときに、「いいね」と過度に取り上げる。
↓「◇◇さんは、正しいことを言ったんだ」「先生に褒められることを言っていていいなあ」という意識が生まれます。

❷ 聞き方のルールを決め、ルールに沿った素敵な姿を認めていく

教師は子どもの発言を全身全霊で聞きますが、友達の発言を聞いている他の子どもたちの様子も、同じく全身全霊で把握します。「今、○○さん、なるほどって、うなずきながら聞いていたね」とその場で聞き方の評価もするのです。聞いていて褒められた子どももうれしいですが、発言した子どもも、そうやって聞いていてもらえるとうれしいですよね。ほっこりとした人間関係が交流の基本です。

そのためには次のことが大切になってきます。

◎教師は、発言者からなるべく遠いところで発言者と聞き手の子どもを見ながら、発言を聞くことが大切です。
◎すべての学習で、生活面で、心掛けていくことが大切です。

Q

2　交流の意義や必要性はどのように説明したらよいですか？

A　説明してわかっても、実感がなければ意味がありません。交流が楽しいという実感を味わわせ、子どもの言葉で共有しましょう。

①まず、1時間の授業のなかで、必ず、交流の時間を構想しましょう。

本時のめあて
子どもたちの学び
課題解決
振り返り
交流すると
楽しいね。
交流の場面
交流すると
新しいことが
わかる！
考えが深まって、
おもしろい！

②そのときのよさや深まりを、子どもの言葉で共有しましょう。

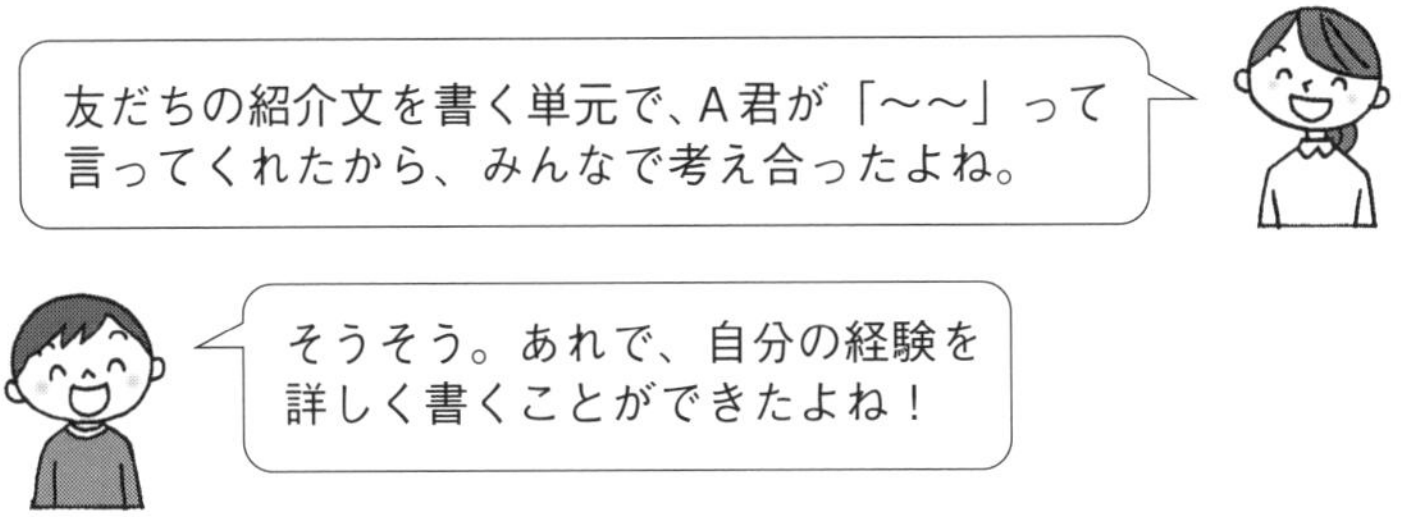
友だちの紹介文を書く単元で、A君が「〜〜」って
言ってくれたから、みんなで考え合ったよね。
そうそう。あれで、自分の経験を
詳しく書くことができたよね！

❶▼必ず、一時間の授業のなかで、交流の時間を設けること

子どもたちは、おしゃべりが大好きです。まず、授業のなかに、短時間でいいので、おしゃべりの時間を設けてみましょう。「今勉強している○○について、隣の友達と一分間お話ししてごらん。」と、子どもに委ねるのです。

委ねた先生は何をすべきでしょうか。子どものおしゃべりを、全身全霊で聞くのです。共感するのです。

❷▼そのときのよさや深まりを、子どもの言葉で共有する

「友だちを紹介しよう」（二年）の単元で、直道が自分の書いた一回目の紹介文を「どうもよくわからないんだよな。」とつぶやきました。そこで、直道に了解を得て、全体に紹介し、「友達のどんなことを知りたい？隣の人と話してみて。」と投げかけました。「いつから、得意になったのかな。」「どうして好きになったんだろう。」「得意な技とかあるのかな。」など、もっと知りたいことを出しました。

その交流で、自分の紹介文にも必要なことがはっきりとしていったのです。そのときの様子を、そのときの子どもの言葉で、共有していくのです。それは、その学級の学びの文化になります。

❸▼交流のよさを学級通信等で保護者にも伝えること

紙面に表すことで、より交流のよさが共有されますし、形として残ります。子どもにも保護者にも交流の意義が伝わります。

Q

3　残念な交流になってしまわないための事前の対策は？

A　交流の話題を、子どもたちが考えたい具体的な問いにすることがポイント。そして、交流の中身を豊かにイメージすること。

①交流の話題を、子どもたちが考えたい具体的な問いにすること。

不思議だなあ？
本当かな？
なぜだろう？
どうすれば
いいんだろう？

話題を具体的な問いにすると、子どもたちは交流を自然と始めるようになります。

②交流の中身を具体的にイメージしておくこと。

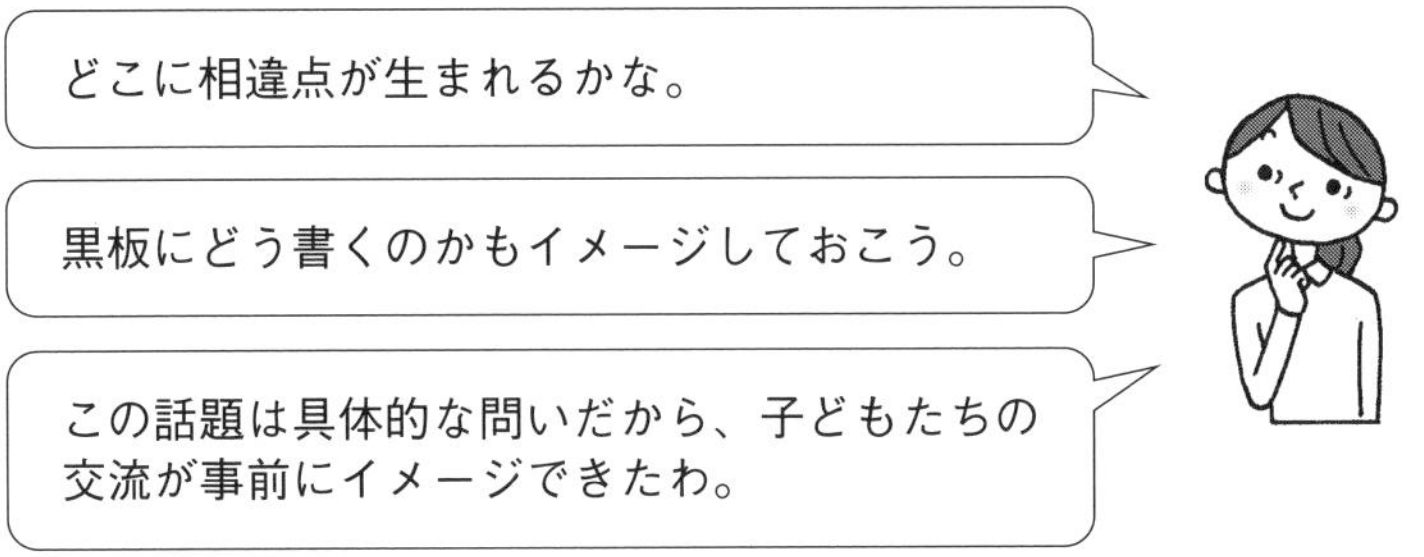
どこに相違点が生まれるかな。
黒板にどう書くのかもイメージしておこう。
この話題は具体的な問いだから、子どもたちの
交流が事前にイメージできたわ。

❶▾交流の話題を、子どもたちが考えたい具体的な問いにすること

「大造じいさんとガン」で大造じいさんは三回作戦を行っています。子どもたちは「ウナギつりばり作戦」「タニシ五俵作戦」「おとり作戦」と名付けました。

子どもたちは、大造じいさんの「**ひきょうなやり方でやっつけたかあないぞ**」という言葉から、この作戦の中に「**ひきょうなやり方**」があるかどうか、考えました。特に、

「『おとり作戦』は『**ひきょうなやり方**』だろうか」

という話題では、自然と交流が始まり、活発な交流がなされ、大造じいさんの心情を読み取り、自分の考えを深めていきました。この話題は、「ひきょうなやり方か、ひきょうなやり方ではないか」という具体的なものになっています。これが、例えば、「『おとり作戦』について考えよう」という話題では、焦点がぼけて、残念な交流になってしまいがちです。

❷▾どんな交流になりそうか、交流の中身をイメージすること

仲間のガンをおとりに使うんだから、「**ひきょう**」だという子もいるだろうな。でも、「**このガンを手に入れたときから**」考えていたから、「**ひきょう**」ではないという子も。だったら、何が「**ひきょうなやり方**」なんだろう、って交流が活発になり、考えが深まりそうだな。

根拠となる叙述は、その場面に限らず作品全体に広がっていきます。

交流自体が目的でなく、交流によって深まる学びをイメージできれば、残念な交流にはなりません。

Q

4　交流することが考えられない雰囲気の学級に困っています

A　その困り感は、子どもたちももっているかもしれません。子どもの様子をよく見てみましょう。

①どうして交流できないのか。子どもたちの様子をよく見てみましょう。

★あまり話そうとしない様子がある場合

どうせ、交流したって…。○○ちゃんは、
いいこと言えるけど…。僕はいつも、静かにしていればいいんだ。

先生が教えてくれればいいんだ。
ぼくは、ただそれをノートに書いて覚えるだけでいいんだ。

★言いたい子ども、言える子どもだけが騒がしい場合

はい、はい、はい。先生、僕にあてて！
言いたい、言いたい！

こんなの簡単。すぐにできるよ。
はい、終わった！もう飽きちゃったな。

②交流の「芽」を見逃さずに、雰囲気づくりをしていきましょう。

☆今の発言を聞きながらうなずいていたね。ちょっとそのわけを話してみて。

☆ここのグループは、いいことを話していたよ。みんなの前でも話してみて。

❶ どうして交流できないのか、子どもたちの様子を把握すること

基本的に、交流が嫌いな子どもはいません。学びというものは、一人で行うとともに、誰かと一緒に行うとさらに楽しくなるからです。先生の長い説明の間はあくびをしていた子どもたちも、「じゃあ、グループで考えてみましょう」となったら、途端に生き生きと語り合うものなのです。

子どもたちも実は、交流したがっているのです。ですから、今、交流することが考えられないのはどうしてなのか。子どもたちの状況をよく把握してみましょう。次の二つのパターンがあるようです。私の学級の場合は、下のパターンでした。

【あまり話そうとしない静かな様子】

□一部の特定の子どもだけが発言していませんか。
□その発言のときに、周りの子どもたちの様子はどうですか。耳を傾けていますか。
□静かに聞くことが過度に重要視され、つぶやきも許されない雰囲気はありませんか。
□子どもの言葉でなく、先生の言葉だけが板書されていませんか。
□発言は共感的に受け止められていますか。

【言いたい子ども、言える子どもだけが騒がしい様子】

□子どもたちが考え合う話題は、具体的で深みのあるものですか。
□元気のいい子の発言のとき、周りの静かな子は、何をしていますか。うなずいている子はいませんか。
□好き勝手なつぶやきの中身に、実は意味があったりしませんか。
□静かにすべき短い時間も、おしゃべりをしていませんか。

Q

5　中身のある交流のために個人がやっておくことってなんですか？

A　自分の考えをしっかりともっておくことです。自分の立ち位置をしっかりとしておくと中身のある交流につながります。

①交流の前に、個人の考えをもつ時間を設けること。

☆何もなくて「さあ、交流してごらん」では、子どもたちが困ってしまいます。

本時のめあて → 子どもたちの学び → 課題解決
振り返り

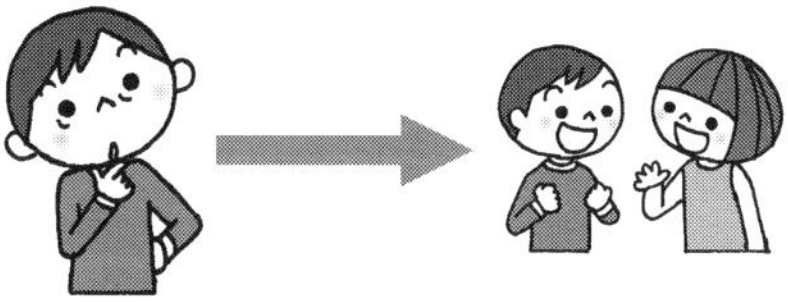

個人で考える場面　　　交流の場面

☆自分の考えをもって交流の場へ

②自分の考えをもたせるときには、根拠や理由をはっきりとさせること。

☆「○○だと思う」と考えただけでなく、どこからそう思ったのか、どうしてそう思うのか、根拠や理由を書くように促すことがポイントです。

【A君のノートの一部】
〈自分の考え〉
豆太は、とても素早く動いていた。
〈根拠や理由〉
戸を「ふっとばして」走りだしたから

❶ 交流の前に、個人の考えをもつ時間を必ずつくること

学習することがはっきりしたあと、すぐに「では、グループで交流してみよう」という交流は、多くの場合、

・「何するの？」「なんか話し合っていればいいんじゃない。」「これについてやるのかな。」
・「○○ちゃんはどう思うの」「うーん、よくわかんない。」

といった中身のはっきりしない交流になりがちです。

交流する前に、自分の考えをもつ時間を確保しましょう。そのときに、次のようなはたらき掛けをすると効果的です。

○自分の考えを支える根拠や理由をもつように促しましょう。もし、ノートなどに書かれていなければ、「どこからそう考えたの？」「どうしてそう考えたの？」と問い掛けましょう
○子どもの考え、根拠や理由に共感しましょう。「なるほど。そこからこう考えたんだ。」

❷ 自分の立ち位置をはっきりさせること、交流への意識を高めること

自分の考えは何か、それはどこからそう考えたのか、という立ち位置がはっきりしていると交流が身のあるものになっていきます。次のような意識を個人で考える場面でもちたいものです。

○「私は、こう考えたけど、みんなに知らせたいな。みんなの考えも知りたいな。」
○「□□か△△か、わからないな。みんなはどう考えているのかな。」

Q

6　ペアでかかわり合う交流にはどんな方法がありますか？

A　おしゃべり感覚の交流はいつでもできるといいですね。そこに、ルールづくりをしていくのです。

①「隣同士で、話してみて」で交流がスタート。そんな気さくな雰囲気が大切なのです。

☆「交流するぞ」と肩をはらずに、隣の人と気軽に話せるといいですね。

おしゃべりのような交流から

②ペアでかかわりあう交流の際のルールづくりをしましょう。もちろん、堅苦しくないように。

【ペアで交流のときのルール例】
○一人だけが話すのではなくて、二人とも話しましょう
　⇒「順番に」と限定すると、堅苦しくなります。
○沈黙の時間をつくらないよう努めましょう
　⇒せっかくの時間なんだからより楽しく。
○いいなと思ったことは、みんなにも伝えましょう
　⇒より規模の大きな交流へのイメージをもたせます。

❶ まずは、気軽に交流すること

五年生で「竹取物語」の冒頭部分を読んでいたときのこと。「**それを見れば、三寸ばかりなる人、いとうつくしうてゐたり**」の場面で、一人の子どもが「もう竹を切ったのかな。」とつぶやきました。

そこで私は、「竹の筒の中が光っていたんだよね。そして、三寸の人が見えたってことはどういうことか、ペアで話してみて。」と言いました。子どもたちは自由に話し出しました。「もともと透明の竹だった。」「そんな竹あるの？竹が透明になるくらい光っていたんだよ。」「上が切れている竹だったら、上からのぞき込めるんじゃない？」「そうかあ。それですごく太い竹だったかもね。」子どもたちは、隣の友達と気軽に話し合い、古典の世界に触れていきました。

この時間は、短い時間がいいのです。気軽に話せる話題で、自由に語り合う。先生も、楽しみながらその交流に参加しましょう。そのペアでかかわり合った交流から、全体に広めたいことを取り上げていきましょう。すると、自然と交流の規模が大きくなっていきます。

❷ ルールづくりをすること。条件を付けながらペアで交流すること

気軽なペアでの交流のよさから、交流のルールをつくると、違和感なくルールが生まれていきます。また、話題に条件を付けてペアで話し合うことも効果的です。

例1：話し方のモデルAとBのどちらがいいか、ペアで話し合って、あとで理由をつけて発表してください。

例2：Cさんが言ってくれたこと伝わったかな。伝わったかどうか、自分はどう思うか、ペアで話し合い、あとで発表してください。

Q

7　小集団やグループの交流はどの程度の規模がよいですか？

A　4人グループくらいが適当でしょう。あまり人数が多いと交流していない人が出てきます。

①子どもの様子を見て、交流の規模を決めましょう。まずは、ペアでの交流から。

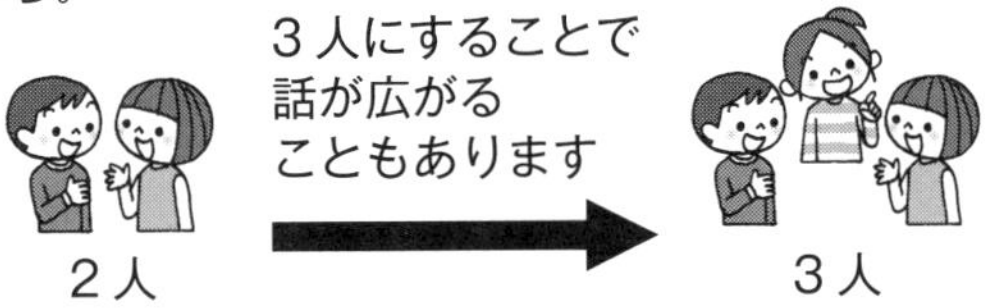

②ペア交流＋ペア交流で4人のグループ交流になります。

③人数が多くなると、話が聞こえにくくなったり、話さないですんでしまったり、交流しにくい状況も生まれてしまいます。

★遠いので交流しにくい

❶ペアからグループ、そして、学級全体の交流へと、交流の規模をだんだんと大きくすること。

左の四枚の写真を見てみましょう。まず、ペアで交流しています。すると、前のペアの一人がその交流に加わります。さらに、他の二人も加わり、五名での交流になっています。自然発生的ですが、写真右端にいる授業者がこの規模の交流を支えているのです。

ペアで交流

他の友達も加わる

向こうのペアも加わる

学級全体の交流

❷交流をしなくてもすむような子ども、つまりお客様をつくらないこと

○自分が話さないと交流が進まないと思える規模が大切です。
○子どもたちの様子を見て、教師が意図的に、ペアとペアを組み合わせ、規模を大きくしていくことも有効です。規模を大きくしてもただ座っているだけの人、つまりお客様をつくらないようにしましょう。

Q

8　グループ学習として交流する際の形態にはどんな工夫が必要ですか？

A お互いの顔が見えるようにします。体だけ向けるときと、机の向きを変えるときとがあります。

①隣の人とペアで交流するときも、体は相手の方に向かせましょう。

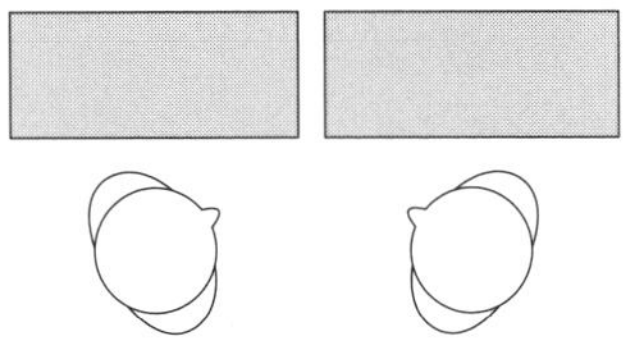

A 体だけ隣の人に向ける場合

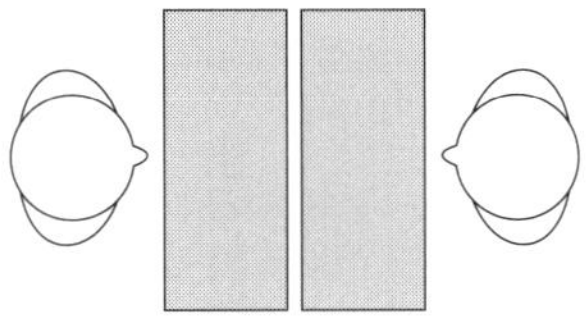

B 机ごと隣の人に向ける場合

②4人で交流するときも、体だけ向ける場合と、机の向きを変える場合とあります。そのときの交流の中身によって、変えましょう。

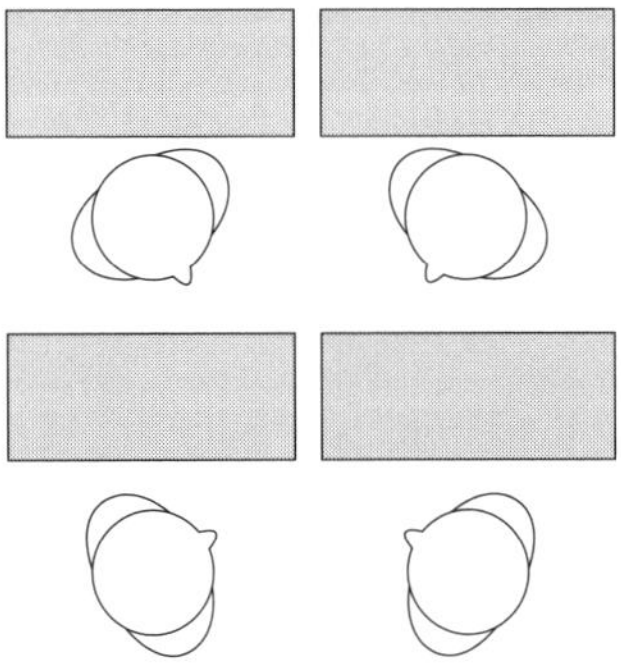

C 前の列の人が後ろに体を向ける

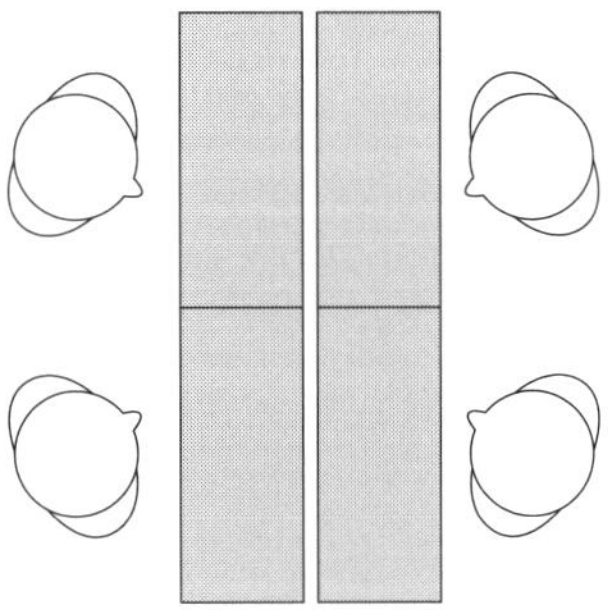

D 4人とも机を90度動かす

❶ どんな形態でも、交流するときは体を相手の方に向かせること

顔を見ながら交流するのは、基本中の基本です。顔を見ながら交流できるという人間関係も大切です。また、交流する際の形態への移動が素早くできるようにすることも必要です。交流が慣れている学級とそうでない学級とでは、交流の入り方でわかります。子どもたちが期待感をもち、サッと交流への形態づくりができる学級にしていきましょう。

❷ 形態は様々なバリエーションを用意しておくこと

交流の中身は様々です。交流するときはいつも同じ人と同じ形態ではなく、いくつかのバリエーションを用意しておくとよいでしょう。

> Ａ ペアで交流①：すぐに体だけ向けて交流する。簡単な話題の時や、短時間の交流の時に有効。子どものつぶやきがほしいときも、「ちょっとペアで話してみて」と投げ掛け、友達に話しているつぶやきを拾う。
>
> Ｂ ペアで交流②：すばやく机を向き合わせる。ペアでしっかりと交流するとき。
>
> Ｃ グループで交流①：前後の四人が体だけ向き合わせて交流する。Ａの人数が増えたバージョン。
>
> Ｄ グループで交流②：四人とも少しずつ机を動かし、向き合いになって交流する。順番に自分の考えを発表したり、話し合いをしたりするときに有効。

この他にも学級独自で交流の形態を創造するのも交流を楽しむ一つになります。また、「この課題はどのバリエーションで交流する？」と子どもたちに選択させるのもよいでしょう。

Q

9　交流をよりよく進めるための学びの言葉ってありますか？

A

子どもサイドの言葉は、「例えば」「つまり」「でも」「もしも」。
教師サイドの言葉は、「なるほど」「どこから」「どうして」。

①子どもが自分の考えを整理し、わかりやすく伝える言葉を、たくさん身に付けさせましょう。

「今年はひとつ、このおとりを使ってみるかな。」と大造じいさんは言っていて、前の２つの作戦は一人でやっていたけど、この作戦は、例えば、サッカーの試合でいうと、自分は楽して他の人を代わりにして勝とうという卑怯な作戦だと思うな。

でも、大造じいさんは二年間も自分で育てているんだから、自分でやっているんじゃないかな。

②教師は、まず、共感の言葉を。そして、根拠や理由を問い返す言葉を。
☆個人で考える場面でも教師のこの言葉が、その後の交流をよりよくします。

❶▼子どもが自分の考えを発信するときに、発信しやすくなる言葉を身に付けさせること

次のような言葉があると、交流がよりよくなります。教室に掲示したり、子どもの発言のなかにあったら認めたりしていきましょう。

例えば：考え方の例や事例、データなどを示す場合。
つまり：具体的な事実からどういうことが言えるのか、どういう筋道で自分の考えにつながるのかを説明する場合。
でも：示された事実や考え方、説明等に対して、別の角度から検討したり批判したりする場合。
もしも：想像したり仮定したりして、これまでの話のなかには出ていない着眼点や状況を引き合いにする場合。

これら以外にも、「○○君と似ていて」「○○さんとちがうところからなんだけど」などの言葉も交流をよりよく進めます。これらは、友達の考えの共通点や相違点を考えているから生まれてくる言葉です。共通点や相違点がはっきりすると、交流する論点がはっきりします。

❷▼教師は、まず、共感の言葉を。そして、根拠や理由を問い返す言葉を

教師の「なるほど。」という心からの共感の言葉は、子どもに響きます。子どもも、友達の考えを共感的に聞くようになります。共感的に受け止めたうえで、「どこからそう考えたの?」と根拠を明確にしたり、「どうしてそう考えたの?」と理由を明らかにしたりする問い返しの言葉を使いましょう。交流が、空中戦にならずに、具体的な内容で進むようになります。

Q

10　交流そのものを学びの中心にすえるにはどうすればよいですか？

A　学びの軸となる問いを、友達とかかわらずにはいられないものとします。評価は、思考プロセスを見るようにします。

①Q3で書いたように、話題を具体的なものにするとともに、友達とかかわらずにはいられないものにしましょう。

☆問いに対する考えがいくつか生まれ、その考えを交流することで、さらに考えが深まる、そういった問いにします。

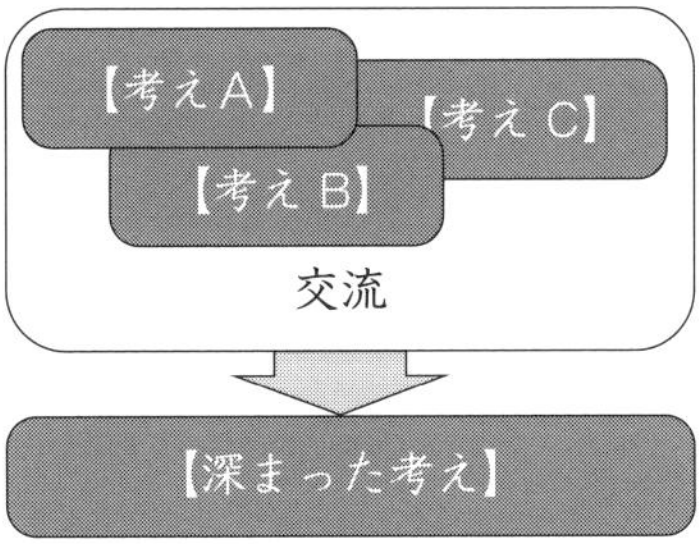

②その問いに対する結果が「○○だった」ということを評価するのではなく、どのような思考のプロセスをたどったかを評価するようにしましょう。

☆このときに大事になってくるのが、板書です。板書で子どもたちの学びを可視化し、子どもたち自身には自覚化させるのです。

❶▼話題を友達とかかわらずにはいられない問いにする

「ごんぎつね」に、いらずら好きなごんが、**「ちょっ、あんないたずらしなけりゃよかった」**という叙述があります。子どもたちは、「ごんは反省している」と言いました。では、一体いつから反省の気持ちをもったのか？子どもたちは教科書を何回もめくりながら、自分の考えをもちました。

そして、次は、友達はどこだと思っているのか、興味津々です。いわゆる「間違え」がないから、どんどん交流をして、自分の考えを深めていきたいと思っているのでした。

❷▼結果が、「○○だった」ということを評価するのではなく、どのような思考のプロセスをたどったかを評価する

「いつから反省の気持ちをもったのか」という問いの場合、結果的に「ここだった」という一瞬はないでしょう。下の資料は、そのときの板書です。子どもたちが「ここから、こう感じた」という考えを交流し合うことで、叙述と叙述とを結び付け、ごんの気持ちの変化を読み深めていったのです。板書を見ることで、子ども自身も、自分の学びの過程を自覚化することができるのです。

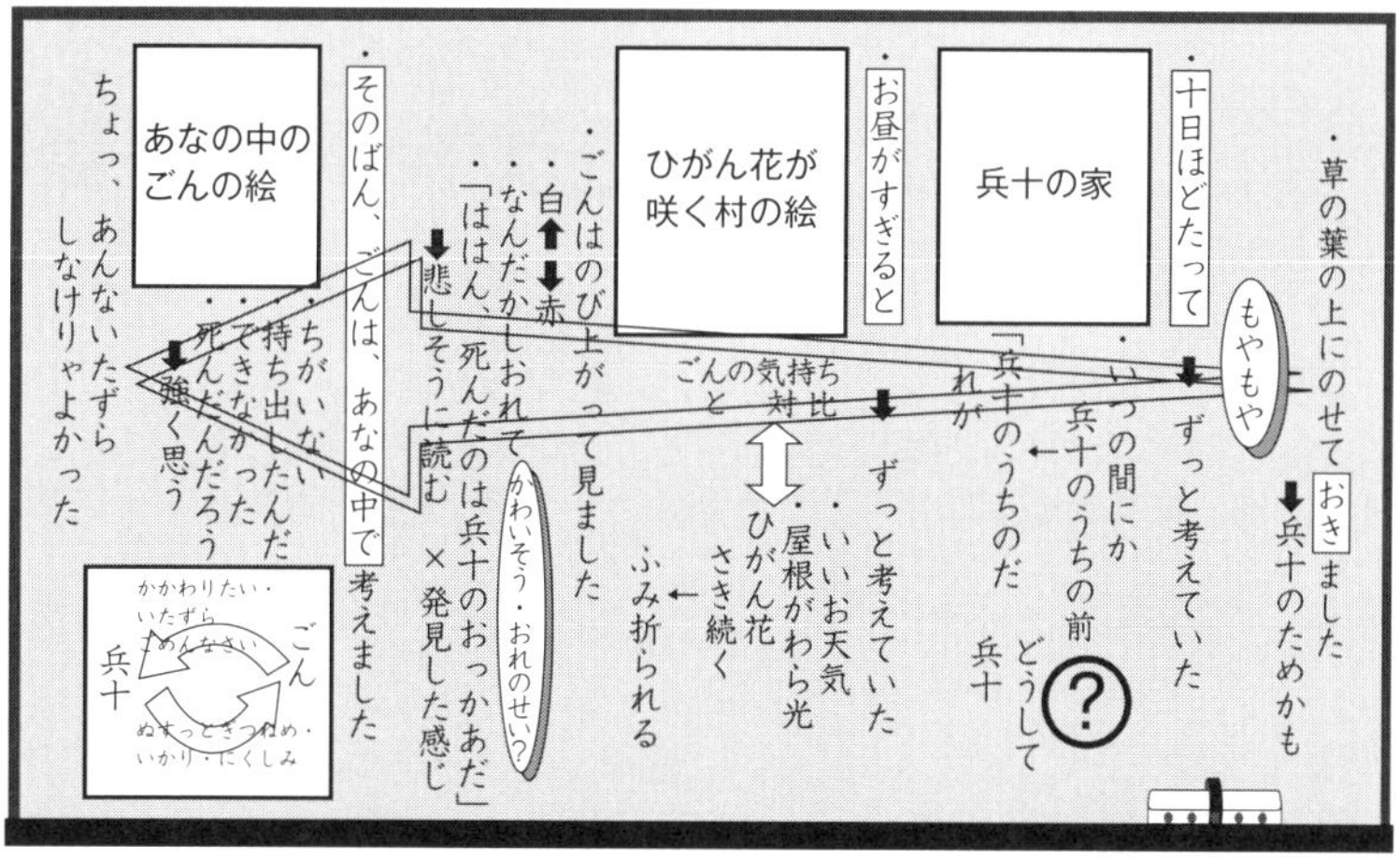

Q

11 かかわり合った子どもたちが相互評価する際のポイントは？

A かかわり合ったことが、相手にとっても自分にとっても、「よかった」と思える「評価」にすることが大切です。

【ポイント】

こんなところが、いいね。
この表現は、気持ちがよく伝わってくるね。

よいところを認め合う

考えを広げ合う

わたしはこう思ったけど、あなたの考えを聞くと、なるほど、こんな考え方もあるんだということがよくわかったよ。

読んでみると、ここがわかりにくいね。
このように書き換えてみたらどうかな。

助言し合う

相互評価により、「交流してよかった」と思えるようにしましょう！
互いに高め合う関係をつくるために、大切な評価となります。

❶ 相手のよいところを探し、伝えること

互いの話を聞いたり、互いの文章を読みながら、相手の話や文章の中で、よいところを見付け合うことが大切です。

学級の中には、話したり書いたりすることに自信をもてない子どももがいます。自信をもって、表現することのできる子どもに育てるために、相互評価を行い、よさを認め合うことから始めます。

❷ 自分の考えと比べて、聞いたり話したり、書いたりすること

相互評価は、互いに成長するために行います。交流の前に、必ず自分の考えをもつことが大切です。自分の考えと相手の考えとを比べながら読んだり聞いたりします。何が自分と違うのか、相手の話や文章から学ぶ姿勢が大事です。ですから、「自分との違いは何だろう。」「なぜ、そう思ったのだろう。」と想像しながら聞いたり読んだりすることが大事です。また、友達の考え方を受け入れ、自分の考えが広がったという実感を伝えられると、互いに成長することができます。

❸ よさを見付けるとともに相手に助言すること

相手の話や文章中で、「わかりにくいところ」「もっとこうするとよくなると思うところ」を探し、伝え合うことです。このように、助言し合うという評価が、互いにプラスになったと思える子どもを育てることです。評価し合うことは、互いに高め合える人間関係をつくることになります。高学年では、このような、相互評価ができるような環境づくりを心掛けましょう。よりよい人間関係を構築する上でも、相互評価は重要な役割を果たします。友達が助言してくれたので、「よかった!」という体験を伝え合うことも大切な指導です。

Q

12　交流という活動そのものをどうやって評価すればよいですか？

A　何を、評価するのか、評価規準を決め、事前評価・事中評価・事後評価を行います。

【ポイント】

事前評価

何を目的として、交流しようとしているのか、確認すること

事中評価

目的に沿って、話し合い・書き合い・読み合いをしているかを活動中に評価すること

事後評価

相互評価をしたり、自己評価をする中で、自分自身が交流により自分の考えを広げたり深めたりできたか、また、自分を高めることができたかを評価すること

評価は目的をもって行いましょう！
評価を指導に生かすことが大切です。

❶ 事前評価では、子どもの実態を把握し、目標を明確にすること

自分にできていることは何か、できていないことは何かを自分自身で考えさせることも大事です。事前に、相互評価の内容を意識していると、目標達成につながります。

❷ 事中評価では、目標に沿って評価し合うこと

事中での評価ポイントです。

ア　相手のよいところを見つけること

イ　自分と似ているところ、自分の考えとは違うことを見つけること

ウ　相手に助言すること

話合いをしながら、相互評価を行うことは難しいものです。話合いの場合、四人グループで役割を分けて相互評価します。A児B児が交流しているところをC児D児が観察評価する方法もあります。読み合ったものを相互評価する場合には、子ども同士で付箋に書いて渡すことができます。その場合、「よかったところ」「感想」「もっとこうするといいよ」というポイントに沿って書くとよいです。

❸ 事後評価では、自分自身の成長を意識させること

学習の最後の振り返りでは、相互評価し合ったことが、自分にとって、どのような意味があったかを考えることが大切です。

教師は、座席表を活用しながら、観察評価をします。座席表には、授業中における評価をメモします。子どもの自己評価、子ども同士の相互評価も併せて評価し、指導に生かします。教師や子ども同士の励ましの言葉から、子ども一人一人が成長していくことが大切です。

Q

13　よい交流、よくない交流をどうやって評価すればよいですか？

A　よい交流とは何か、よくない交流とは何かを、教師自身が意識して、評価します。

【ポイント】

よい交流とは

- ○　相手を尊重している交流
- ○　目的を明確にもっている交流
- ○　自分自身の考え方に生かそうとしている交流
- ○　自分たちで新しい考えを創ろうとする交流
- ○　思考を広げるのか深めるのか高めるのかがはっきりしている交流

よくない交流

- ○　相手のよさを見つけようとしない交流
- ○　何のために交流するのか、目的をもっていない交流
- ○　自分の考え方だけを主張しようとする交流
- ○　考え方に変容のない交流
- ○　交流の目的と進め方がかみ合っていない交流

よい交流を、教師自身が意識し、目的を明確にもちましょう！

相手を尊重している交流
相手の話を最後まで集中して聞いているか　相手の話を受け止めてから話しているか
相手のよさを見つけようとしているか　言葉遣いに気を付けて話しているか
目標を明確にもっている交流
自分の考えを広げようとしているか　情報を集めようとしているか
自分の考えと比べようとしているか　新たな情報を得ようとしているか
自分自身の考え方に生かそうとしている交流
自分の考え方に変容があったか　相手に、自分の変容を伝えようとしているか
自分たちで、新しい考え方を創ろうとする交流
協力しながら、新しい方法や新しい考え方を創ることができたか

相手を尊重する気持ちをもって交流することは、日頃の学級経営にもかかわることです。まず、相手のよいところを見つけること、言葉を選ぶことなど、よりよい交流をめざします。

授業の中で、交流の機会を設けることは、教師が意図的に行います。しかし、子どもが目的をもたないと、ただのおしゃべりになってしまいます。交流は「書くこと」「読むこと」の指導事項となっていますが、当然、「話すこと・聞くこと」の指導と関連させて行います。交流を成功させるためには、目的が明確なことです。「考えを広げ合う」「考えを深め合う」「考えを高め合う」ことをめざし、教師自身がねらいをもって、交流指導を行っていきましょう。

Q

14　交流した結果を全体でシェアするにはどうすればよいですか？

A　時間の最後に「振り返り」の時間を設定し、相互交流した内容を全体に紹介し合うことが大切です。

【ポイント】

①交流を自ら振り返ること

②交流によって、変容した考えを伝え合うこと

③自分の考えの広がり・深まり・高まりを次時に生かすこと

本時のめあて → 子どもたちの学び → 課題解決
振り返り

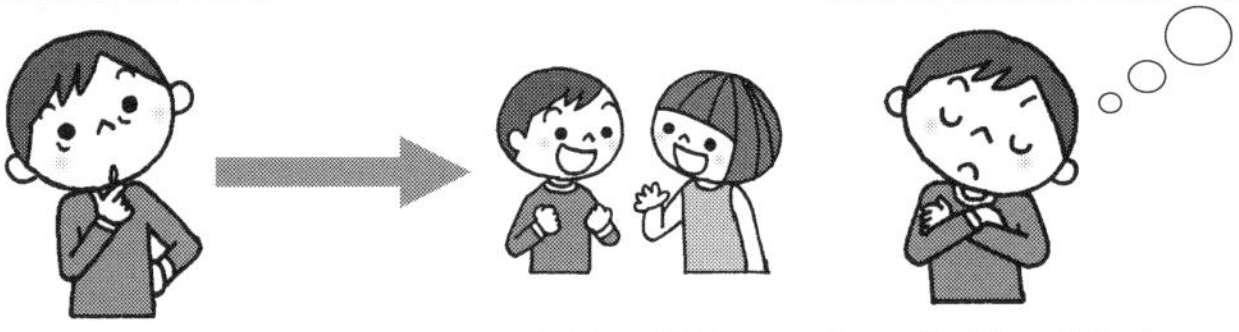

個人で考える場面　　交流の場面　　振り返りの場面

自分自身の学びが大切
学びの変容を伝え合うことが大切

友達との学び合いが、
人間関係を温かくすることにつながります！

❶▼交流後、自分を振り返る時間をもつこと

交流したことを価値付け、全体にシェアすることは、教師が行う大切な支援です。

交流を振り返る時間をつくることは、子ども自身が自らの成長を感じ取るためです。また、子どもが目標を意識して活動を行い、その結果、誰と交流したことによって、その子どもが向上したかを、教師が評価するためです。

❷▼交流によって、考え方の広がり・深まり・高まりを伝え合うこと

交流して「よかった」を共有することは大切な学習です。なんとなく話し合ったり読み合ったりするだけでは、交流が高まりません。

子ども同士が、交流を振り返り、

「自分は初めはこう考えていたのですが、○○さんの考えを聞いて『こんな考え方もあったんだ』と気付きました。」

「自分の考えが○○さんと話し合ったことで、このように考え方が変わりました。」

というように、自分の成長を伝え合う活動が大切なのです。

❸▼交流後の自己評価を伝え合う活動によって、次時の学習に生かすこと

教師は、子どもの自己評価を読むことにより、交流による「広がり」「深まり」「高まり」を評価し、次時の始めに交流による変容を紹介するとよいでしょう。

このような学習の繰り返しにより、学級全体が高まります。自信をもって話したり書いたり、読んだりする子どもが育っていくのです。

Q

15　学びの目標と交流がうまく呼応するためのポイントはありますか？

A　「交流」は「読むこと」「書くこと」の指導事項として明記されています。学びの目標として、事前に設定しておく必要があります。

【ポイント】学習指導要領の「交流」に関する指導事項

	書くこと	読むこと
第1学年及び第2学年	書いたものを読み合い、よいところを見付けて感想を伝え合うこと。	文章の内容と自分の経験とを結び付けて、自分の思いや考えをまとめ、発表し合うこと。
第3学年及び第4学年	書いたものを発表し合い、書き手の考えの明確さなどについて意見を述べ合うこと。	文章を読んで考えたことを発表し合い、一人一人の感じ方について違いのあることに気付くこと。
第5学年及び第6学年	書いたものを発表し合い、表現の仕方に着目して助言し合うこと。	文や文章を読んで考えたことを発表し合い、自分の考えを広げたり深めたりすること

広げ合う　→　深め合う　→　高め合う

交流目標の達成には、人間関係づくりのたがやしが大切です！

「交流」そのものを、学びの目標とすることができます。そのためには、学年の発達段階に沿って、学校全体で育てていく必要があります。交流の指導事項に沿って目標を定め、実施していきます。しかし、交流の形態だけを意識するのではありません。その基本となるところは、いかに人と人がかかわり合い、人として成長させていくかを考えなくてはなりません。

❶▼友達のよいところをたくさん発見できる「広げる」交流をするために

相手に「話してよかった」、書いたことを「読んでもらってよかった」と思える体験を重ねることが大事です。目を見て話す、最後まで集中して聞くなど、話すこと聞くことの活動と関連させて指導を重ねることは大切なポイントです。

❷▼自分の考えと友達の考えの違いや共通点を見つけながら、考えを「深める」交流をするために

いろいろな考え方を聞いたり読んだりすることは、考えを深めるために大事な体験です。心の器を大きくもち、様々な考え方を受け入れる心を育てることです。

❸▼互いの考えの交流からさらに新しい考えを創り出す「高める」交流をするために

協力し合い、新しい考えを創り出すことを楽しめることが大事です。想像力・創造力を育てるには、互いの考えを伝え合い、創り出すことの楽しさを味わわせることです。

このように考えると、「国語」の時間だけではなく、様々な機会を通して、人と人とがかかわり合いながら、様々な「よかった」体験を積み重ねていくことが大切なことがわかります。教師は、毎時間の授業において、子ども同士の学び合いの場の設定を計画的に取り入れていく必要があります。

Q

16　低学年の学級では、どんな交流が適切ですか？

A

相手を意識して、話したり聞いたり、読んだりすることが大切です。
1年生当初は、ペア学習で1対1の交流から始めますが、2年生の最後には、3人4人の交流において、自分たちの考えをまとめることができるようにします。

【ポイント】学習指導要領の「交流」に関する指導事項

話し手は、相手を見て話すこと、聞き手も相手を見て、「うなずく」、「相づちをうつ」など、相手を尊重して話したり聞いたりすること。

最後まで聞く、最後まで読むことを大切にして、相手のよいところを見つける経験を多く行うこと。

相手の書いたものを読み合い、感想を伝え合うこと。相手に手紙の形で書き、相手意識を高めること。

日頃から、交流の機会を多くもちましょう。
学び合いの楽しさを知ることが大事です！

一年生の入門期から二年生終了までの期間に、自信をもって交流できる子どもを育てましょう。

❶誰とでも話せる、何でも話せる経験を多く積みましょう

対話…互いの膝を近付け、お互いの目を見て話したり聞いたりすること。

・「うなずいて聞く」「相づちを打って聞く」など聞き手が話に集中して最後まで聞くこと

（対話は、相手の話が終わると話し手と聞き手が交換し、常に話し手聞き手となる活動）

小グループで話合い…一人対二、三人で発表し合うこと。三～四人で話し合うこと

・一人の話を最後まで聞く。聞いてもらってうれしかったという体験を多くすること。

・話合いでは、互いの考えを聞き合い、考えをまとめる体験を積み重ねること。

全体の前で発表…一人対多勢で発表すること

・発表者の話を集中して最後まで聞くこと

・聞き手は、話し手の話の内容や話し方のよいところを見つけ、発表すること。

また、質問したり答えたりする活動を多くすること

❷書いたものを読み合い、認め合う経験を多く積みましょう

記録文、説明文、手紙文などのジャンルの文章を書き、友達と読み合う活動を多く行いましょう。

・読み合って交流することにより、友達の文章のよさに気づき、相手に伝え合う活動を行うこと。

・書き方に困っているとき、友達の書き出しのよいところを参考にすること。

このように、低学年から、交流の積み重ねを行うことが大切です。低学年での交流の経験を多く行うことにより、友達との学び合いの楽しさを知り、自信をもつことができます。

Q

17　中学年の学級では、どんな交流が適切ですか？

A

様々な交流学習を多く体験することが大切です。

自分の『考え』をもった上で、相手はどう考えたのかを聞き取り読み取り、自分の考えと比べます。

また、自分の考えとの違いも認め、なぜ、そのように考えたのかも、交流によって理解し合うことが大切です。

【ポイント】

「読むこと」の交流
○自分の考えをもとに、話し合い、考えを深め合うこと。
・課題に対する自分の考えをもつこと。（書くことが大切！）
・自分の考えをもとに、小グループで話し合う
・自分の考えをもとに、課題に対して話し合い、考えを深める。

「書くこと」の交流
○学習過程における交流を行い、高め合っていくこと

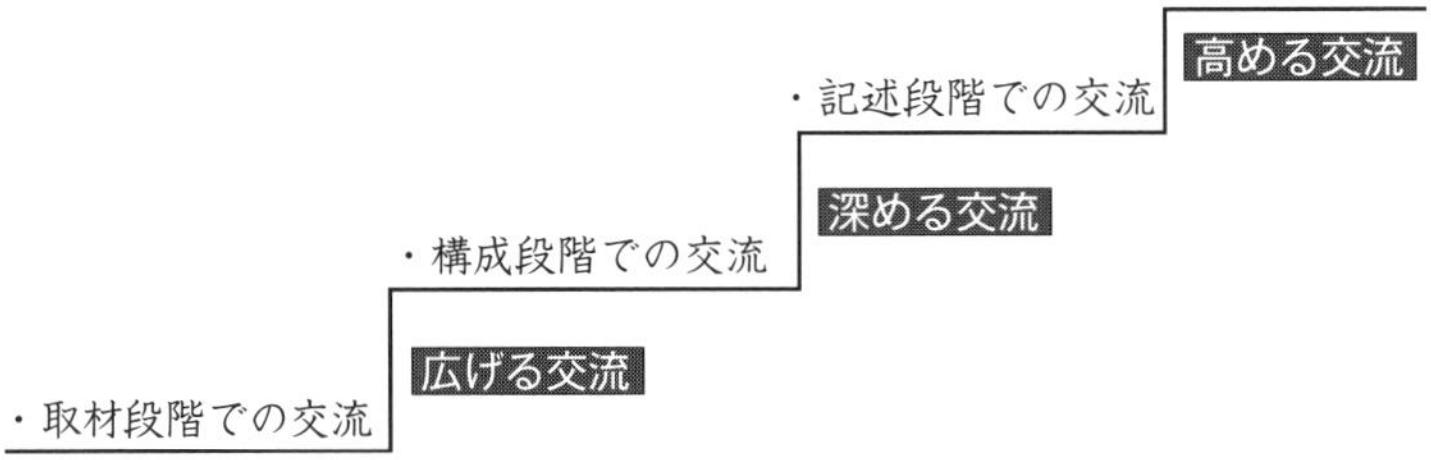

小グループでの交流により、自信をもたせましょう！
学習過程での交流を大切にしましょう！

三年生・四年生では、自分の考え方を広げる交流をたくさん行うようにしましょう。

❶▼「読むこと」の課題に対して、自分の考えをもち、自分の考えと友達の考えを比べながら交流しましょう

対話や小グループ（三～四人）の話合いや全体での話合いは継続的に行います。特に中学年では、小グループでの話合いの時間を充実させます。司会者を立てて話し合うことは、どの学級でも指導を重ねる必要があります。自分の考えをもった上で、グループや全体で話合いをします。交流の話合いでは、他の人の意見と同じところ、違うところはどこかを明確に聞き取り、様々な意見を受け止めることが大切です。まず、考え方を広げること、そして交流をする中で考えを深められる体験を重ねるのです。

❷▼「書くこと」の学習では、書き終わってからの交流だけではなく、学習過程における交流も大切にしましょう

「取材」「構成」「記述」の段階で、互いに読み合い、どんな内容がよいか、どんな構成がよいか、どんな表現がよいかを伝え、さらに、意見や感想を伝えるようにします。自分の考えと異なる場合は理由も伝え合い、どのようにすれば相手に自分の思いや考えが伝わるかを学習します。同じペアで最後まで学習をすることもできます。また、取材が終わった子ども同士、構成が終わった子ども同士というように、時間的な区切りで相手を選んで交流することもできます。

このように、中学年では、自分の考えをさらに広げたり確かめたり、友達とさらによりよくしようと、考えを深める交流を大切にします。

Q

18　高学年の学級では、どんな交流が適切ですか？

A　自分の考えを広げたり深めたりするための学習を大切にします。
高め合う学習まで発展できるとよいでしょう。

【ポイント】
①話し合うことと関連させながら「読むこと」の交流
○　友達と交流しながら、自分自身の新たな読みを創ること

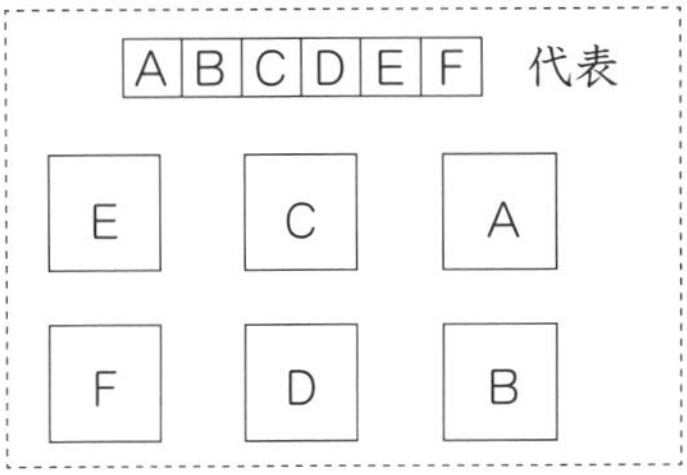

パネルディスカッション風交流

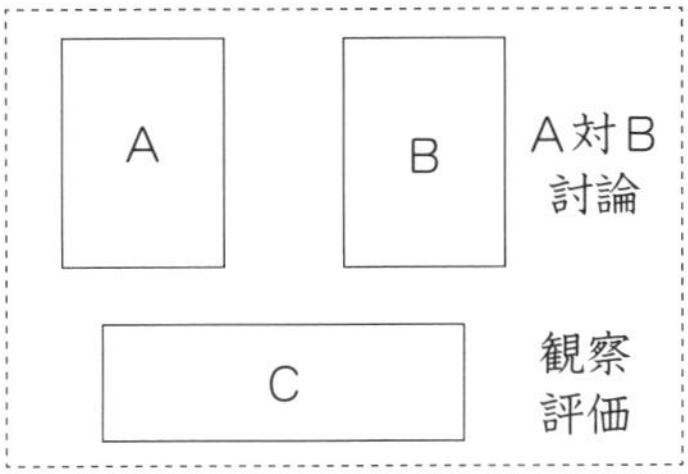

討論会風交流

②「書くこと」の交流
○　読み合い、助言することによって、自分の文章をさらによりよいものにすること

もっとよくするには、
比喩表現を入れてみたら？

風の音や、漂う匂いなど、
五感も使って工夫したらどうかな？

高め合うために、協力し合って考えを深め、
よりよい考え方に高めていきましょう

五年生・六年生では、自分の考えを広げたり深めたりする学習を、学級全体で行う機会を増やしましょう。

❶「読むこと」の学習では、ペアや小グループでの交流も取り入れながら、全体での交流で考えを深めるようにしましょう

一人一人が自分の考えをもって、全員が交流に参加すれば、深められたと言えるでしょうか？全員が発表できたからよいというわけではありません。全体での話し合いの方法を様々工夫する必要があります。例えば、次のような活動です。

○パネルディスカッション風交流

各グループで話し合った後、グループ代表がパネリストになって話し合う交流です。全員がグループの代表として発表し合う活動ができます。

○討論会風交流

A対Bのグループが交流しながら深めていく活動です。Cグループは発表に加わらず、双方の意見を聞きながら、自分の考えを深める活動ができます。

❷「書くこと」の学習では、読み合いながら、助言し合える関係を作りましょう

高学年では、効果的な表現に磨き合うために、助言のできる力を付けたいものです。人間関係をよりよくすることが大事です。

このように、高学年では、低学年中学年で培った力を使い、交流により自分を高めます。そして、新しい考え方を創り出す「高め合う交流」をめざしましょう。

Q

19　学年を越えた交流は、どのように進めたらいいですか？

A

他教科や領域と関連させながら、交流の機会をもちましょう。
一方的に授業に招待するのではなく、互いのカリキュラムにおける目的を明確にした上で、交流の機会を設定します。

【ポイント】
○　1年生と2年生の交流

1年生
「民話を読もう」
・『2年生の読み聞かせを聞こう』　【単元の始め】

↑　↓

2年生
お話のおもしろいところを紹介しよう」
『1年生にお話を読もう』　【単元の終末】

○　5年生と6年生の交流

5年生
「来年の移動教室への準備をしよう」
『情報を集めよう』（取材活動1）　【単元の始め】

↑　↓

6年生
「移動教室報告会をしよう」
『5年生に移動教室を報告しよう』　【単元の終末】

単元の位置付けを明確にすることが大事です。

学年を越えた交流は、子どもたちにとって貴重な経験です。しかし、一方的にお願いする交流ではなく、双方にとって、実りある交流にしたいものです。そのために計画的に単元を設定する必要があります。他教科や領域とも関連させながら、交流の機会をもちましょう。

❶異なる単元で、同じ目標で行う交流

「お話のおもしろいところを紹介しよう」という単元では、二年生にとっては、単元の終末での交流となります。しかし、一年生にとっては、「民話を読もう」の単元での最初の活動になります。単元としては別々ですが、それぞれが単元の目標をもって活動します。交流は、自己紹介から始まり、お話を読む活動とお話を聞く活動を行います。話し手のよさや聞き手のよさを互いに伝え合うことができます。

❷自分たちの経験を伝える交流

六年生が、移動教室での体験をまとめ、五年生に伝える交流を例に考えてみましょう。五年生は、情報を集め、事前準備の参考にします。六年生へのあこがれの気持ちを高め、学びを伝えるようにします。形態は、小グループで行うほうがよいでしょう。

異学年での交流は、同学年での子ども同士の交流とは異なり、目標設定は変わります。豊かな人間関係づくりのための交流としても必要です。日頃交流の少ない学年の子どもたちとの交流は、よさの認め合いをするよい機会となります。また、国語科としては、丁寧な言葉遣いを意識して遣い、丁寧語・尊敬語・謙譲語の指導の場とすることができます。ただ、双方のカリキュラムを考えなければならないため、年間計画に位置付けることが大事です。

Q

20　大人との交流に場を広げていくことを考えています。広げるには、どうしたらよいですか？

A

自分が何を知りたいか、何を求めているかを明確にして交流することが大切です。

大人との交流は、子ども同士の交流で付けた力を、社会の中で生かす場として大切な経験となります。

【ポイント】

○　交流を目的とした言語活動
- 広告を書こう
- 依頼状を書こう
- 招待状を書こう
- 案内状を書こう

○　交流の場における言語活動
- 発表会をしよう
- 意見を聞こう
- インタビューをしよう

○　交流後の言語活動
- お礼状を書こう
- 手紙を書こう
- 感想を聞こう

地域や保護者の方には、丁寧語を使おう！
尊敬語や謙譲語を使おう！

目的を明確にし、何のための交流かを伝えましょう。
人間関係を深めるために大切な時間であり
よい経験となります。

大人との交流に場を広げることは、子どもたちが実生活に役立つ言葉の力を付ける上でも大切です。大人を招待する学校での交流、街の中に自分たちが出て行く地域での交流などがあります。事前準備や事後報告など、実の場での交流の機会をぜひもちましょう。

❶ 学校に招待して交流

○広告（ポスター）を通しての交流…いつどこでどんなことを行うのかを伝える活動
○招待状を通しての交流…相手を意識して、招待する気持ちを伝える活動
○発表の場での交流…自分たちの調べたことを発表する活動
○発表内容についての交流…質問を受けたり答えたりする活動
○感想を通しての交流…招待した人たちからの感想を読む活動

❷ 地域での交流

○依頼状を通しての交流…いつどんな内容のインタビューをしたいか伝える活動
○インタビューする交流…必要な情報を得るための活動
○お礼状を通しての交流…手紙文の形式通り、お礼を書く活動

地域の方や保護者を招待したり、必要な情報を得るためにインタビューする交流は、「実の場」として、子どもの活動を広げることができます。大人との交流では、地域に出かける場合、相手の都合を尋ねることが必要です。依頼状を出すこと、相手を意識して手紙文を書くなど、大人とのよりよい関係を築くためにも貴重な体験となります。地域社会の一員として、認められたり褒められたりする体験は、街の人々と共に生きることの大切さを知るよい交流の機会となります。

交流カードを作ってみましょう！

① 低学年の紹介し合う活動
1年生が「わたしのたからもの」を紹介し合う活動での評価カード

○ ○ さんへ

〈どんなおはなし〉
おかあさんにかって
もらったぬいぐるみ

〈よいところ〉
○○さんは、いぬのぬいぐるみをだいじにしていることがわかりました。

② 中学年で、グループ内で音読発表をしたとき、書き合った評価カード

音読の作品　「モチモチの木」（斎藤隆介作）

自分のふりかえり
○ 登場人物の気持ちになって音読できました。
○ 少し、声が小さかったと思います。

友達からの一言
ゆっくり読むところと速く読むところを変えるとよいです。（○ ○ より）
気持ちを込めて読んだところが、上手だと思いました。（○ ○ より）
じさまのせりふの言い方が、じさまの気持ちになっていたところがよいと思います。（○ ○ より）

③ 高学年で、書いた作文の読み合いをしたときの、交流カード

作文のテーマ　「わたしを支えてくれた言葉」

よいところ	具体的な例が書いてあるので、言いたいことが伝わってきました。（○ ○ より）
感想	○○さんの大切にしている言葉が「ありがとう」という言葉だと分かりました。わたしも、作文を読んで、よい言葉だと思いました。
助言	最後のまとめが短すぎるので、これからの自分についても、書くとよいと思います。

このように、互いの評価を、自分、または相手が活用できるようにします。音声は消えてしまいます。カードを使うことにより、今後に生かすことができます。評価し合う活動を通して、「交流してよかった！」と思えることが大事です。

Ⅲ章

「広げる・深める・高める」交流

1 目的に応じた交流とは

学習指導要領の指導事項に示された内容を見ると、交流は主として授業の後半や終わりの段階で行われるものだという印象を受けることと思います。特に、「書くこと」では、指導事項の末尾に交流が位置付けられ、できあがった文章を級友に示して評価を仰ぐこととして示されています。

しかしながら、学習指導要領の既述はその学年段階で指導すべき最低限の事項を示したものであることに注意して下さい。互いのものの見方や考えを話し言葉や文章によって級友に紹介し、互いに意見を述べたり助言したりすることは必須の指導事項であるものの、それさえやれば交流という活動のねらいが満たされるわけではありません。

目的に応じた交流の方法がどういう枠組みや系統性をもっているか、わかりやすくするために物語や小説を読むという学びを例にとって考えてみましょう。

この学びでは、登場人物の心理や表現の特色について話し合う活動がしばしば行われます。一つの作品を読んで考えたことを発表し合い、評価し合う活動です。この活動がめざしているのは、自分と他者とが互いのものの見方や考え方をかかわらせ、その意味や価値を検討し、それぞれが個人では得られない学びを経験することです。交流という活動を貫く目的は、ここにあります。

ただし、ここに言う「個人では得られない経験」には、三つの異なるゴールがあります。

第一は、**できるだけ様々なものの見方や考え方に触れ、それらを優劣や正誤に関係なくまずは受け容れる**というゴールです。同じ作品を読んでも人によって様々な読み方があるという認識は、互いの人格を尊重して学び合う態度を養うために重要です。このようなゴールをめざして行われる交流を、第Ⅰ章2で述べた思考のタイプに合わせ、「広げる交流」と呼んでおきます。

第二は、示された様々なものの見方や考え方について、それぞれの共通点・相違点は何か、矛盾はないか、どれがより心惹かれるかといった観点で**分析と考察を加え、対象への認識を深める**というゴールです。示された解釈の是非について思う存分に議論し、よりよいものを追究しようとする姿勢は、互いの関係を深め誠実かつ理性的に批判し合う態度を養います。このようなゴールをめざして行われる交流を、第一のそれにならい「深める交流」と呼んでおきます。

さて第三は、これまでの続きで考えればおわかりのことと思います。そうです。「高める交流」です。高める交流とは、**新しいものの見方や考え方を想像・発見する**ところにゴールがあります。作品について互いの考えを批判的に検討し合った仲間たちは、どういう解釈が最も理想的かを協力して探究することになります。そして、解釈の仕方は読者によって様々でも、本質的なところではある普遍的なイメージやメッセージが届けられているということを実感するのです。このとき重要なのは、自分とは異なる他者との間に、高い次元での一体感が生まれることです。

これらのゴールを交流の三大目的とすると、そこには「広げる→深める→高める」という大きな系統性を見出すことができます。この系統性は螺旋的に繰り返されながら、子どもたちを成長させていきます。その際、子どもたちが経験する言語活動としては、学習指導要領に示された三つの活動領域を想定することができます。また、言語活動そのものではありませんが、交流することによって自動的に成立する人間関係も、交流活動の一環として見逃すことができません。

以上の考察をまとめると、目的に応じた交流には、「広げる→深める→高める」を発展系列とし、「人間関係づくり、話すこと・聞くこと、書くこと、読むこと」を活動種別としたマトリックスになります。次のページに、このマトリックスに学習指導要領の記述を適用させた表を掲示します。

以下、活動種別ごとに目的に応じた交流の方法について基本的な考え方と留意点を解説します。

(1) 人間関係

交流という活動を行う際に、かかわる主体の間に相手を侮ったり恐れたりする感情があってはなりません。仮に自分とはものの見方や考え方が違う相手であったとしても、まずは一個の人格を認め、**広い心で互いにかかわろうとする態度**が大切になります。この態度を整えるためには、互いの話がきちんと聴いてもらえる環境づくりが必要です。どういう意見であっても、何を伝えようとしているのかは了解されるという感覚です。広げる交流は、このような環境づくりを目的にします。

互いの考えがまずは認めてもらえる、自分の言いたいことが伝わるという安心感が生まれると、互いに切磋琢磨する関係を構築することが可能になります。厳しい批判の言葉であっても、それが相手

表：目的に応じた交流の系統表

	広げる交流	深める交流	高める交流
人間関係	互いの人格を尊重しながら、多様なものの見方や考え方を受け容れることのできる関係を築くこと。	互いの人格を尊重しながら、ものの見方や考え方を誠実に批判することのできる関係を築くこと。	互いの人格を尊重しながら、協力し合って新しいものの見方や考え方を展望することのできる関係を築くこと。
話すこと・聞くこと	話題に沿って自由に話し合い、相手の話を集中して聴きながら、話題に対する様々な知識や考え方を知ること。	決められたルールや役割を自覚して対話や討論・ディベートを行い、論点や争点を明らかにしながら、話題に対する認識と理解を深めること。	話題の特徴や状況に応じた話し合いを計画・実行し、想像力をはたらかせながら、話題に対する新しい視点や発想を展望すること。
書くこと	書いたものを読み合い、互いによいところを見つけて感想を伝え合うこと。	書いたものを発表し合い、書き手の考えの明確さや独創性、表現の適否などについて意見を述べ合うこと。	書いたものを発表し合い、表現の仕方に着目して助言し合い、互いによりよい表現を開発すること。
読むこと	文章の内容と自分の経験とを結び付けて自分の思いや考えを発表し合い、様々な経験や考えの存在を知ること。	文章を読んで考えたことを発表し合い、互いの共通点・相違点に気付くとともに、考えの違いが生じる要因について考察すること。	本や文章を読んで考えたことを発表し合い、新しい知識や考え方に触れたり、よりよい考えを展望したりすること。

を貶めたり恥をかかせたりするためではなく、相手の学びに対する誠実で正直な意見であれば、きちんと受け容れなければなりません。深める交流はここではたらきます。

互いの人格を尊重しながら何でも言える関係ができると、交流の場は「私とあなた」を包む「私たち」という関係認識へと発展していきます。ともに学ぶ関係です。しかもこの関係はそれぞれの違いを際立たせ、互いの自立を促します。高める交流はこの段階で貢献する活動です。

(2) 話すこと・聞くこと

「話すこと・聞くこと」の基礎・基本は、**相手の話を集中して聴くこと**です。これができないと、あらゆる話し言葉の学びは成立しません。それでは相手の話に耳をかたむける態度・能力はいかにして鍛えられるでしょうか。ここではたらくのが広げる交流です。話題についてたくさんの情報を集めたり、聴いた話を再現したりするといった活動を数多く提供して下さい。

他者の話を聴く力が育ってきたら、今度は自ら問いを立てて聴くことが求められます。互いの話はかみ合っているか、論のすり替えや矛盾はないか、このように言うことで何を伝えようとしているのかなど、様々な問いを立てて相手に向かいます。このような場面では深める交流が働きます。その際、言葉の学びとして大切にしたいのは使う語彙です。根拠となる事実を挙げるには「例えば」、事実から導かれる考えを説明するには「つまり」といった語彙が実践的に使えることが基本です。

「話すこと・聞くこと」の活動は、状況的で予測のできない営みです。子どもたちは臨機応変にかかわりかたを調整したり工夫したりしなければなりません。そうした営みの中で、自ら話し合いを計画して実行し、新しい視点や発想を展望するとき、高める交流が実現します。

(3) 書くこと

「書くこと」の学びで何よりも大切なのは、**書くことへの抵抗をなくすこと**です。人は、自分が書いたものを受け容れてもらえて初めて書く喜びを覚えるものです。広げる交流として、相手の文章のよさを指摘し合うことは、低学年で特に重視したい活動です。

書くことへの抵抗がなくなり、よりよいものを書きたいという動機が高まった段階では、読み手にとってよりよく伝わる文章を産み出すための力を磨きます。添削はその典型的な活動ですが、書き手のあらを探すのではなく、書き手の文章が自分にどう届いたのかを知らせる営みだという認識をきちんともたせましょう。文章表現を通して対話し、書かれた内容とその表現方法について書き手の立場に立ってよりよいものを探究することが深める交流となります。

「書くこと」は基本的に個人的な営みです。しかし、学習指導としては協働で一つのレポートや物語を作成することがよく行われています。このような活動ではたらくのが高める交流です。高める交流の段階では、書き手と読み手の分業ではなく、かかわる主体がともに書き手であり同時に読み手であるという関係で一体になることです。そうして新しい書き言葉が開発されるのです。

（4）読むこと

交流という活動が学習活動のすべての場面ではたらくことをはっきりと自覚させてくれるのは、実は「読むこと」の学びです。交流に三つの発展系列があるように、「読むこと」にも三つの発展系列があり、それが極めて明瞭に自覚されるからです。

第一は、教材としての文章を読んだ自分と級友が、自己の経験と文章とをどのように関連付け、どんな思いや考えを抱いたかということを「読む」活動です。この活動では広げる交流が貢献します。子どもたちは、一つの文章が様々な読者によってどう読まれたかに出会います。それによって互いの読みをかかわらせることの意味が自覚されます。

第二は、様々な読者が様々な考えや思いを抱いたのはどうしてかという問題意識にもとづき、その文章が読者に求める読み方を「読む」活動です。例えば同じ物語を読んでも、Aさんは情景や行動の描写に注目し、Bさんは心情の説明に注目して読んでいる。そのために、二人は同じ文章から異なる解釈を導いていると理解するのがこの「読み」です。こうした読み方が自然にできるためには、深める交流として互いの解釈の共通点・相違点を検討することが重要です。

さて、第三は、本や文章を読んで感じたり考えたりしたことを互いに発表し、新しいものの見方や考え方を「読む」活動です。読書を通して自分が何を考え何を発見したのか省察するとともに、新しい価値観や対象認識を獲得するのがこの段階での「読み」です。ここでは高める交流が貢献します。

一人ではなかなか新しい思想の獲得まではいきません。**友と一緒に語り合い、双方の問いや発見に関心を示し合う中でふと生まれる発想こそ**、「読むこと」の学びがめざす到達点なのです。

（5）まとめ

広げる、深める、高める。交流という活動を貫くこれら三つの方向性が一つにまとまると、そこにはどのような学びのイメージが結ばれるでしょうか。図は、そのイメージを形にしてみたものです。ご覧のように、三つの方向性は、学びの平面を広げ、その質を深め、新たな世界へと高めるはたらきをもっています。そしてそれが一つになって、**子どもたちの学びを球体のようにふくらませていく**のです。

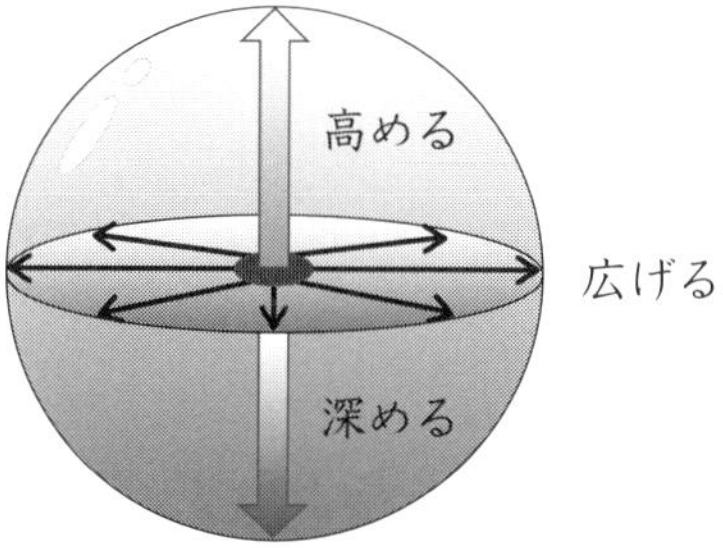

広げ、深め、高めることでふくらむ交流

一人一人の学びの傾向や成果を、このようなイメージでとらえておくと、評価にも活かすことができます。理想的な形はボールのような真球の形です。そしてその球体が大きくふくらんでいく姿が成長です。これに対して学びに課題があると、円盤のような形になったり一部だけとがったり、ラグビーボールのような形になったりするはずです。ただしそれは欠点ではなく、どこかに得意な部分があるというサインなのです。そのようなまなざしで互いの学びを見つめ合うとき、交流はそれぞれのよいところを引き出しながら、美しく膨らんでいくことでしょう。

2 学習指導要領の領域に沿って

ここでは、学習指導要領における三領域（「話すこと・聞くこと」「書くこと」「読むこと」）の中で交流がそれぞれどのように位置付けられ、意味付けられているのかについて確認し、それをふまえた実践のあり方について検証していきます。

『小学校学習指導要領解説　国語編』（以下、『解説』）においては、「国語科改訂の要点」として「学習過程の明確化」や「学習の系統性の重視」が挙げられています。『解説』の巻末には各領域の指導事項を縦軸、学年段階を横軸とした「系統表」が掲載されていますが、その縦軸間の連関と横軸間の連関をともに大事にしていくことをめざしているのです。したがってここでも、各領域の交流に関する指導事項の特徴や留意点について、他の指導事項との関連や系統性にも触れながら確認していきます。

さらに、文部科学省刊行の『言語活動の充実に関する指導事例集【小学校版】』（以下、『事例集』）に掲載されている実践を例として、それぞれの実践における交流にどのような目的と意味が付与されているのかを考察していきます。同書には国語科の指導事例として二十二件の実践が収載されていますが、そのうちのほとんどすべての事例において交流的要素をもった言語活動が組まれています。いずれの事例も学習指導要領との関連が明記されていることからも、本書で採り上げるのにふさわしい実践群であるといえます。

（1）話すこと・聞くこと

1　話し合うことに関する指導事項

第一・二学年　互いの話を集中して聞き、話題に沿って話し合うこと。

第三・四学年　互いの考えの共通点や相違点を考え、司会や提案などの役割を果たしながら、進行に沿って話し合うこと。

第五・六学年　互いの立場や意図をはっきりさせながら、計画的に話し合うこと。

気持ち→かたち→見通し

「話すこと・聞くこと」の指導事項は「話題設定や取材」「話すこと」「聞くこと」「話し合うこと」という四項目です。「調べる」「書く」「話す」「聞く」という個を主体とする活動を積み上げたところに、「話し合う」という、いわば「かかわり」を主体とする活動が設置されています。「話すこと・聞くこと」というと、どうしても「コミュニケーション」や「伝え合い」といったような「話し合う」活動にばかり気が行ってしまうかもしれませんが、それは**個を主体とする活動があってこそ充実するもの**

です。「話し合う」が重要な要素であることは間違いありませんが、そのためにも「話し合う」活動を成立させていくための条件となる「調べる」や「話す」「聞く」に関する力を養う場をつくっていくことが求められています。

系統性に関しては、その要点をキャッチフレーズ的にいうと「気持ち→かたち→見通し」となるでしょう。「広げる」「深める」「高める」交流をそれぞれ成立させるための条件を少しずつ学んでいくのです。

低学年では、**話合いに参加する態度や姿勢を培っていくこと**が主となります。『解説』に「『互いの話を集中して聞』くためには、話し手の方に顔を向けるようにしたり、話の内容に関心をもち、頷いたりしながら聞くことが大切である」と示されているように、話合いに臨む際に持つべき意識や望ましい振る舞いについて体験的に学ばせていきます。広げる交流に重心を置いた授業が望まれます。

中学年では**「司会者」「提案者」「参加者」といった役割を理解**し、自身がそれらの役割を担った際には、どのような点に留意して話合いの場を作っていくのかを学びます。深める交流を行うためには不可欠な学習といえるでしょう。

高学年では、「気持ち」と「かたち」を学んできた蓄積をもとに、**種々の目的や形態に応じて話合いを展開できる力**を培っていきます。これが「見通し」ということの意味です。『解説』にも「話合いには、グループや学級全体での共通理解や問題解決に向けて、相互の知識や考え、意見などを出し合い一つにまとめていく協議と、互いの考えの違いを大事にしながら多くの考えを関係付けていく討論とがある」とありますが、そこで交わされた言葉をどのように整理したりまとめたりするべきなのかということは、その話合いの種類によって異なってきます。たとえば「協議」であれば、意見の統一や合意の形成が求められますし、「討論」であれば多様性や差違の認識というところが議論のゴールになっていくでしょう。このように、自分たちが行っている話合いがどのような種類のものであり、どのようになればこの話合いが成立したことになるのかを考えられる力を育んでいくのです。自分たちの臨んでいる話合いのゴールが見えてくるようになると、子どもたちは話合いの場を自律的に運営できるようになります。それが、高める交流を実現させるための要件となるのです。

「かたち」も「なかみ」も

なお、指導事項には「互いの話を集中して聞き」（低学年）「互いの考えや共通点や相違点を考え」（中学年）「互いの立場や意図をはっきりさせながら」（高学年）とあるように、「話すこと・聞くこと」における交流では、相互の言葉や考えに対する注目が一貫して重視されています。お互いがどのような言葉を用い、どのようなことを考えているのか、それらについての関心や考察が交流の際の主眼となります。話合いの「かたち」を知ることも大事ですが、より大事なことは話合いの「なかみ」です。それを深化させていくための方法として交流は存在します。

2　「話すこと・聞くこと」単元における交流の実践事例

事例番号：国語―8（第三学年）

単元名：司会や提案の仕方を工夫し、話し合って考えをまとめよう単元の目標：伝えたいことなどから話題を決め、必要な事柄を挙げるとともに、司会や提案などの役割を果たしながら、進行に沿って話し合うことができる。

学習活動：

第一次◆学習の見通しをもつ。

・これまでの学級全体やグループでの話合いを振り返り、司会や提案などの役割を果たして話し合うにはどのようなことに気を付ければいいか、意見を出し合う。【交流①】

・学級やグループで話し合いたい話題を出し合う。【交流②】

第二次◆学級全体で話し合う。

・学級全体で話し合う話題を決め、司会者や提案者などの役割を分担する。【交流③】

・話題について話し合うための準備をする。

司会者（一名）、提案者（一名）、フロア（その他全員）

・学級全体で話し合う。【交流④】

・話合いのビデオ記録を再生しながら、話合いの仕方を振り返る。【交流⑤】

第三次◆グループで話し合う。

・六人グループで話し合うために、話題と役割を決めて準備する。

・グループで話し合う。（十五分×三回×二時間）【交流⑥】

・二つのグループが組になり、交互に相手のグループの話合いの仕方を見て、意見を述べ合う。【交流⑦】

・話合いを振り返り、学習のまとめをする。

（筆者注）【交流①】【交流②】といったチェックは筆者によるものです。

交流の準備としての交流

本事例は第三・四学年の「話すこと・聞くこと」の指導事項「ア　関心のあることなどから話題を決め、必要な事柄について調べ、要点をメモすること。」（話題設定や取材）「オ　互いの考えの共通点や相違点を考え、司会や提案などの役割を果たしながら、進行に沿って話し合うこと。」（交流）を取り上げた実践です。つまり交流自体を「教材」とした実践であり、**【交流④】**と**【交流⑥】**における、司会者や提案者を立てながら行う話合いが単元の山場となります。しかしこの実践の特徴は、その交流の前後にも様々な交流活動が設定されていることにあります。本書では、むしろこちらの交流に注目したいと考えます。

この実践においては、単元冒頭から広げる交流が組まれています（**【交流①】**）。『事例集』によれば、「これまでの話合いの様子を録画した映像を視聴し、話合いの仕方についての課題点を明らかにする。」という活動です。子どもたちはこの単元に至るまでに様々な話合いを体験してきており、その過程で学んだことや考えたことが各自の中にあるはずです。それらを一度自由に出し合うことによって、多様な観点から「話合いの仕方についての課題点」が浮き彫りになっていくことが期待されます。そのために**既習事項の確認を交流というかたちで行う**のです。

次の**【交流②】【交流③】**は、深める交流です。新たな話合いの話題を決めるための話合いを行います。『事例集』においては「学級全体で話し合うことによって、何をどのように話し合うとよいかについて、イメージを共有した上で、グループでの話合いに展開するように指導過程を組む。」ことが留意点として示されています。つまり話合いの話題が決定されることだけが目的ではなく、その**決定までの過**

程が重視されているのです。広げる交流によって確認された学びの蓄積を活かしながら、自分たちにとって適切な話題を共同で模索し、その上で合意を形成し、ひとつの話題に絞り込んでいくことに意味が置かれています。

交流の省察としての交流

そして【交流④】のあとの【交流⑤】、【交流⑥】のあとの【交流⑦】は、話合いについて振り返り、省察し、次の話合いへの見通しをもつための重要な話合いです。ここでは「広げる」ことも「深める」ことも、さらに「高める」ことも期待されます。【交流⑤】【交流⑦】の中では、各自が抱いた成果や課題についての考えが自由に出され、それらについての分析と吟味を行っていくことになります。特に【交流⑦】においてはグループ間の相互評価が設定されていますので、**話合いのあり方について批評的に考察する力**が求められます。こうした交流の中で、これまでの「話合いの仕方」についての議論では気づかなかった新しい視点や包括的な認識が見出されることになれば（あるいは子どもたちがそうした「高める」ことへの志向をもつようになれば）、子どもたちの話合いは、また一歩先のレベルへと進んでいくはずです。

（2）書くこと

1　交流に関する指導事項

第一・二学年　書いたものを読み合い、よいところを見付けて感想を伝え合うこと。

第三・四学年　書いたものを発表し合い、書き手の考えの明確さなどについて意見を述べ合うこと。

第五・六学年　書いたものを発表し合い、表現の仕方に着目して助言し合うこと。

感想→意見→助言

「書くこと」の指導事項は「課題設定や取材」「構成」「記述」「推敲」「交流」の五項目です。「記述」という執筆段階だけではなく、執筆前の準備や執筆後の修正といった活動も「書くこと（の学び）」としてとらえられていることがわかります。直接紙に言葉を書きつけることだけが「書く」ということではないのです。「書くこと」の指導事項は執筆前・中・後の過程に沿って設定されており、その最終段階に交流が位置付けられています。子どもが自身で作文などを直す「推敲」に加えて、子どもたちが相互に直し合う「交流」をもって「書くこと」の単元が構成されていくことが奨励されています。

交流の系統性に関しては「感想→意見→助言」とまとめられるでしょう。書いたものをめぐる話合いや意見交換の中で、どのような種類の言葉を述べるかという点に系統付けがなされています。低学年では書いたものをめぐって読み合い、話し合う習慣と態度を養っていきます。倉澤栄吉は、作文が作文であるためには「誰かが読むことを予想すること」が条件となることを述べていますが、この感想を伝え合う活動（広げる交流）を通して、一種の「読み手意識」の涵養が期待されます。中学年では「考えの明確さや書き方の巧みさなどについて意見を述べ合う」（『解説』）ことになります。「何を書いたか」「何を考えたか」という内容面への着目はもちろん必要ですが、ここでは「どのように書いたか」という形式面に着目させることも明示されています。「書くこと」の学習は同時に「書き方（方法知）」の学習でもあることを改めて確認させられます。高学年になると「意見」は「助言」へと展開します。「書き手の表現の仕方をよりよくするために」（『解説』）、より能動的で積極的な話合いが求められるようになります。自分以外の書き手の推敲過程にも参画し、参画してもらうのです。書いたものについて助言をし合う中で、一人では考えつかなかったような言葉が浮かんでくることもあるでしょう。そういうことも視野に入れた、高める交流が高学年の目標になってきます。

ともに学び、一人となる

『解説』によれば、「書くこと」の交流に際しては二つの留意点があることがわかります。一つは**執筆の過程全体が話合いの観点になっていく**ことです。「実際に書いてきた過程の全体について（話し合う）」（低学年）「推敲して書き終えた文章だけではなく、学習計画や、取材、構成の段階のメモなど書くことの学習過程についても発表し合う」（中学年）「記述した内容そのものに加えて、書こうとした意図、すなわち、だれに向かってどのような目的で伝えようとして書いたのか、またそのためどのような表現を用いたのかなどを述べる」（高学年）とあるように、作文などが出来上がるまでの構想や下書き、思考や工夫という、いわば書かれたものの背後にある物事についてまで言及されていくことが一貫して大切にされています。もう一つは、交流という読み合い、話し合う活動が、もう一度**個の書く活動へと環流していく**ことです。「読んでもらった相手の感想を受けて振り返る」（低学年）「相手に助言することによって、自分の考えを深めたり自分の表現の参考にしたりすることにも留意させる」（高学年）とあり、交流という「ともに学ぶ」活動は自立した学び手になる、つまり「一人となる」活動をより豊かにさせていくための過程であることが示されています。

2 「書くこと」における交流の実践事例

事例番号：国語―16（第五学年）
単元名：町のよさを伝える推薦文を書こう
単元の目標：自分の課題について調べ、考えを明らかにしながら集めた材料を効果的に使って、事物を推薦する文章を書くことができる。

学習活動：

第一次◆学習の見通しをもつ。
・他の地域のよさを推薦した、教師自作のパンフレットの紹介を聞く。
・パンフレットのつくりを調べた上で、自分たちの町のよさを推薦するパンフレットを作るというめあてをもち、学習計画を立てる。

第二次◆情報を集めてパンフレットを作る。

・自分たちの町のよさを推薦する観点を様々に列挙し合う。【交流①】
・自分は特にどのようなよさを推薦したいかを考えながら、パンフレットのモデルをもとに、八ページ分の仮の割り付けを考え、材料収集のための見通しをもつ。
・割り付け案に基づいて、自分たちの町のよさを推薦するための情報を集める。
・集めた材料を分類・整理し、割り付けに修正が必要か、追加取材が必要かどうかを考える。
・パンフレットを構成するそれぞれの文章の種類に応じて、見出しやリード、図や写真などを組み合わせながら下書きの文章を書く。
・下書きの文章を組み合わせて、全体として伝えたい町のよさが伝わるかどうかを観点として自分で推敲したり相互評価したりする。【交流②】
・パンフレットを清書する。

第三次◆完成したパンフレットを読み合い、交流する。
・書き手の意図を踏まえながらパンフレットを読み合って、町のよさを伝えるための材料収集のよさや推薦するために用いた言葉の巧みさなどについて助言し合う。【交流③】
※町外の方々が訪れる施設に展示し、読んだ感想を一言カードに書いてもらう。

互いの発想を認め合うことから

本単元は、第五・六学年の指導事項「ア　考えたことなどから書くことを決め、目的や意図に応じて、書く事柄を収集し、全体を見通して事柄を整理すること。」（課題設定や取材）「ウ　事実と感想、意見などとを区別するとともに、目的や意図に応じて簡単に書いたり詳しく書いたりすること。」（記述）を取り上げた単元です。したがって「調べる」と「書く」という活動に重心が置かれた実践ですが、ここにおいても交流が大事な役割を果たしています。

第一次において教師による紹介を聞いたり個々で学習計画を立てた後、第二次の【交流①】がありま す。子どもたちのアイディアを広げる交流です。ここで自由に「町のよさを推薦する観点」が出されることになります。「町のよさ」にしてもそれを「推薦する観点」にしても、一人一人の多様な考えがあるはずですから、まずはその多様性を子どもたちが知り、互いの発想を認め合うという活動が大きな意味をもちます。『事例集』には、この活動が「自分がもっとも表現したいことは何かを明らかにしていけるようにする」ことをねらいとしたものがあることが示されています。観点を様々に列挙していくなかでは、自分と重なる意見もあるでしょうし、自分が想像もしていなかった意見が出てくることもあるでしょう。そのような中でこそ、自分の考えを見つめ直し、練り直していくことができるのです。この活動は指導事項としては「課題設定や取材」に該当するものですが、そこに交流を取り入れることで、**子どもたちの協働性や自律性を促進させ**ようとしています。

読み手を意識するために

【交流②】は「構想」から「記述」そして「推敲」段階における交流です。アイディアやイメージを一つの作品として収斂させていくための、深める交流です。指導事項の配列からは、交流は単元の最後に行うもののように思えてしまうかもしれませんが、実際には本事例のように、文章の作成過程に交流の場を設けることが非常に有効です。書いては直し、書いては直し、という作業を一人で行うことには大きな苦労（苦痛といっても過言ではないでしょう）が伴います。そういうときに級友の存在は重要です。自分の文章を改善させていく上で伴走者がいてくれることは、推敲という苦行を進めていくための励みにもなりますし、何よりも、読み手を意識した文章というものに自然自然と向かっていくことになります。『事例集』にも、パンフレットを構成する「パーツ」としてキャッチコピーや解説文、案内文、図やグラフ、写真を解説した文章など、多様なものがあることに気付かせることが留意点として示されていますが、どのような言葉をどのような形態で表現するのが効果的であるのかは、誰かに読んでもらうことではじめて知ることができるものです。**「読み手意識」とは、本質的には書き手の想像力**のことですから、本来は読み手がいないところで発揮されなければならないものです。しかしその力を養うためにも、国語の授業においては、実際に自分の書いた文章を他の人に読んでもらい、他の人の書いた文章を読むという体験をできるだけたくさんさせていくことが必要でしょう。

より広い世界へ向けて

【交流③】は単元のしめくくりとして行われる交流です。出来上がったパンフレットを読み合い、助言し合います。個々の作品のさらなる成熟を願って行う、高める交流といえるでしょう。ここには繊細な配慮が二つ見られます。一つは**「書き手の意図を踏まえながら」読み合う**ということです。出来不出来だけを言って終わってしまうようでは、交流とはいえません。A、B、Cといった成績評価のようなことをすることが交流における「評価」ではないのです。自分と級友たちの文章がともによりよくなっていくことをめざして友好的で建設的な議論をさせていくためには、書かれたもの（パンフレット）だけではなく、それを書いた人間（およびその思考や背景）にも子どもたちの意識が向いていくようはたらき掛けていくことが、ここでは留意されています。もうひとつは**「材料収集のよさや推薦するために用いた言葉の巧みさなど」を含めて総合的に助言し合う**ということです。執筆前・中・後の過程全体を観点として交流させていくことで、「書くこと」という活動全体が「評価」の対象となっていきます。これらはいずれも学習指導要領（および『解説』）に示されている留意点です。

なお、本実践が好例ですが、このようなまとめ段階における交流は、決してクラス内に閉じこもっていることはありません。学外の施設に展示して地域の方に読んでいただくとか、学内の廊下に掲示して先生方や他のクラス・学年の子どもたちに読んでもらうなど、様々な展開が期待されます。「話すこと・聞くこと」や「読むこと」における活動と違って、「書くこと」の活動の成果は一つの作品として自分から離れた遠いところまで届けることができます。「書くこと」の特性を活かしたこのような実践は、おそらく教室内で完結してしまう授業よりもはるかに子どもたちの「読み手意識」を涵養していくことになるでしょう。

（3）読むこと

1　自分の考えの形成及び交流に関する指導事項

第一・二学年　文章の内容と自分の経験とを結び付けて、自分の思いや考えをまとめ、発表し合うこと。
第三・四学年　文章を読んで考えたことを発表し合い、一人一人の感じ方について違いのあることに気付くこと。
第五・六学年　本や文章を読んで考えたことを発表し合い、自分の考えを広げたり深めたりすること。

「表現」によって「理解」を培う

「読むこと」の指導事項は「音読」「効果的な読み方」「説明的な文章の解釈」「文学的な文章の解釈」「自分の考えの形成及び交流」「目的に応じた読書」の六項目です。「読む」あるいは「理解する」と一口に言っても、そこには様々なレベルがあります。語義や文意、論理展開といった形式面に関する「理解」と、物語の主題や文章の主旨、登場人物の心情や筆者の思想といった内容面に関する「理解」とでは、その意味合いは大きく異なります。さらに黙読なのか音読なのか（あるいは朗読なのか）という音声化の有無の違い、文学的文章なのか説明的文章なのかというジャンルの違い、教科書教材なのか図書なのかという媒体（およびその規模）の違いなどによって、「読むこと」の授業と言語活動の形態は千変万化していきます。「読む」という行為に根本的に備わるそのような性質に合わせて「読むこと」

の指導事項も多様な観点から設定されています。そしてその中に「交流」も含められています。「読む」という一見受動的な活動の中に「発表し合う」という能動的・表現的な要素が組み込まれたことは現行学習指導要領の重要な特徴のひとつといえます。**「理解」という行為は「表現」という行為によって促進されていく**のです。

指導事項の文言としては「発表し合う」とありますが、これは必ずしも話合いだけを意味するものではないことが『解説』において説かれています。「話し言葉による発表だけでなく、劇で演じることや書き言葉によって表したものを読み合う」（低学年）「書き言葉によって交流する場合には、『B書くこと』（1）のウやカと関連させて指導したりする」（中学年）「感想文集などにまとめたり、読書発表会などをしたりする言語活動に結び付けて考える」（高学年）とあるように、「話すこと・聞くこと」だけではなく「書くこと」とも関連させた言語活動を展開していくことが期待されています。

他者との対話に向けて

留意点としては二点が挙げられます。一つは、そこでの交流が**読書活動・生活の下支えになっていくこと**です。『解説』には「読む目的に照らして読書活動を振り返り、どのような読む力を身に付けたかを確かめ、読書生活に生かしていこうとする態度を養う」（低学年）「学級全体で読書を楽しんだり進んで読書しようとしたりする態度を養う」（中学年）とあり、授業から離れたところでも子どもたちが自主的に本を手に取り、読書を楽しむようになることの契機として交流は置かれています。もう一つは、交流を通して**自分以外の解釈や考えを肯定し受容する姿勢を培っていくこと**です。「交流のための発表は、共感的な態度で受容する雰囲気をつくる配慮が必要」（低学年）「普段の学習において、選択した課題、解決のための読み方、まとめた考えなどについて、互いの違いを認め合う雰囲気をつくり、積極的に自分の考えをまとめ、また発表し合うことの意義を感じ取るように工夫する」（高学年）と述べられているように、交流活動の成立には、子どもたちが「一人一人の感じ方について違いのあること」を肯定的に認識し共有していることが不可欠です。そのような場であることが確認され確保されているからこそ、子どもたちは自由に自分の意見や解釈を発信できるようになるのです。

系統性は、その「他者受容」のプロセスに沿って設定されています。まとめると「自己の発見→他者の発見→他者との対話」となるでしょうか。自分と異なる考えが存在することを知るためには、前提として自分の考えが明確になっている必要があります（低学年）。そしてその考えを発表し合う、広げる交流の場を経験させることが大切です。そういう過程において自分と他者の考えが異なることに気付いたら、その異なりの程度や分岐点について吟味していく、深める交流が意味をもつことになります（中～高学年）。そのような過程を経て人は他者とその意見を理解し、同時に自分の考えと自分についての考えを新たに形成していくことになります（高学年）。深める交流から高める交流への展開が、ここにもやはりあります。「共通の課題、又は一人一人に応じた課題について学習し、それぞれ考えたことが、どのように共通していたり相違したりしているのかなどを明らかにしながら『自分の考えを広げたり深めたりすること』につなぐことが重要である。」（高学年）という『解説』の記述は、「読むこと」における交流のあり方をひとまとめにして端的に表現しています。

2 「読むこと」における交流の実践事例

事例番号：国語―17（第五学年）

単元名：新聞の読み方を考えよう

単元の目標：目的に応じて、見出しなどに着目したり、記事の種類や紙面の構成の仕方に注意して読んだりして、効果的な読み方の工夫を考えることができる。

学習活動：

第一次◆学習の見通しをもつ。

・興味をもった記事が掲載されている新聞を持ち寄って、グループで読み合う。【交流①】

・「新聞記事の書き方の特徴をとらえて、目的に応じた読み方を工夫しよう」という学習課題を設定する。

第二次◆新聞記事の特徴をとらえる。

・持ち寄った新聞を比べて、紙面や記事の構成、記事の種類の違いなどを見付け、その理由や効果を考える。

第三次◆読む目的に応じた読み方の工夫を考える。

・新聞を読むのはどんなときかについて話し合う。【交流②】

・グループごとに様々な状況や目的を想定して、効果的な読み方の工夫を考える。【交流③】

・考えた読み方の工夫を発表し合い、今後取り入れてみたい読み方を考える。【交流④】

読むこと→読み方→読むこと

本事例は、第五・六学年の指導事項「イ　目的に応じて、本や文章を比べて読むなど効果的な読み方を工夫すること」(効果的な読み方)を取り上げた実践です。『事例集』にも「効果的な読み方」の例として、比べ読み、速読、摘読、重ね読み、並行読書などが挙げられていますが、我々は普段から媒体の種類や読む目的に応じて、読み方をその都度変化させています。国語科の授業では、その読み方について振り返らせ自覚させることを通して、読む技能を多角的に洗練させていくことがめざされます。しかし、「読み方」という方法知を学ばせるためには、その前提として「読むこと」の体験と「読むこと」への関心が不可欠です。「読み方」だけを取り出してその方法を知識として教え込んでも、それは子どもの読む力の洗練を約束しません。**「読み方」の学習は「読むこと」から始まり「読むこと」へ帰っていく**、そういう構想がこの単元には見られます。

本単元は、新聞記事を読み合うという、広げる交流から始まりますが(【交流①】)、この際の留意点として「新聞というメディアに関心を持てるよう、導入の一週間前から興味をもった記事を集めるようにしておく。その際、学習にふさわしい記事を持ち寄れるよう保護者にも協力を依頼する」ことが『事例集』に示されています。つまり、交流を行うために、各児童が自宅から新聞を持参することが課せられているのです。単元の主眼である新聞の「読み方」の学習に進んでいくためには、まず新聞というものに接触させ、関心をもたせるという下ごしらえが重要になります。新聞とはそもそも生活に非常に密着したところにあるメディアであることを子どもたちに体験させ、実感させることを単元の導入として組んでいるのです。そのためには、ある程度の日数も必要ですし、学校外(家庭など)

での事前準備を行わせることも必要になってくるでしょう。広げる交流を成立させるためにも、事前に時間をかけてその態勢づくりをしているところに本実践の一つの特徴があります。

なお、ここで子どもたちが持ち寄った新聞記事は、そのまま第二次における新聞記事の特徴をとらえる活動を行う際の教材になります。『事例集』によれば、第二次では紙面や記事の構成（見出しやリード、本文など）、記事の種類の違い（報道記事、社説、コラム、投書など）、表現の効果（文章に加えて写真や表などが多く用いられていること）といった様々な観点からの比較・考察を期待していますが、このような活動を成立させるためには、前提として大量の新聞記事に子どもたちが触れられる環境が必要になります。その大量の記事の比較を通して、各新聞記事の共通点や相違点、独自性などを発見していくのです。**【交流①】**は、その教材を作り出すための契機ともなっています。

生活の中で活用できる「読み方」を探して

本事例の特徴は、単元後半の第三次においても広げる交流を設定していることです。**【交流②】**は「日常生活の様々な場面で新聞を読む場合を想定して考えられるようにする」ための活動であり、例えば「朝の忙しいときに短時間で情報が知りたい」「興味のある記事を詳しく読みたい」という発言が子どもたちの中から出てくることが想定されています。このような交流では、決して子どもたちの意見が一つに集約される必要はありません。むしろどんどん拡散し、新聞を読む場面というものにどれほどのバリエーションがあるのかということについての想像を巡らしていくことが奨励されます。

そこで出てきた多様な目的に応じて、第二次において各自検討した「読み方」をどのように適用していくのかが、あらためて議論されることになります。それが、深める交流としての【交流③】です。『事例集』によれば、【交流③】では「短時間で情報を得るためには、まず見出しに着目し、読む必要があるか判断する」「知りたい情報を見付けやすくするためには、全体の紙面構成を知っておくとよい」「複数紙の記事を比べて読むとより多面的な情報が得られる」といった意見が出てくることが予想されています。この交流では【交流②】とは異なり、意見をある程度集約させていくことが求められます。新聞を読む場面というのは多様に存在し、「読み方」というのも多様に存在しますが、その場面と「読み方」の組み合わせ方はかなり限定されてきます。深く読まなければいけない場面では深く読むための方法があり、広く読みたい場面では広く読むための方法があるわけです。そこを子どもたちに議論させ、自分たちの力で整理させていくのです。

前節において、「読むこと」の交流は読書活動・生活の下支えになっていくことが求められていると述べましたが、本事例の【交流④】は、まさにそのことを意識したまとめのかたちになっています。高める交流といえるでしょう。留意点として「学習したことを日常生活に生かそうとするよう促す」ということが『事例集』にも明示されていますが、授業を離れたところで新聞を読む際に授業で学んだ「読み方」が活用されていくことが望ましい姿です。子どもたちが単元の最後にそのような意思をもてるようになることを期待して、最後の交流は設定されています。

[引用参考文献]

・文部科学省編『小学校学習指導要領解説　国語編』東洋館出版社、二〇〇九年

・文部科学省編『言語活動の充実に関する指導事例集【小学校版】』教育出版、二〇一一年

Ⅳ章

交流を重視した単元の構想と実践例

低学年

単元「がまくんとかえるくんの音読発表会をしよう」

言語活動「自分の好きながまくんとかえるくんのお話を音読発表する」

二年　学習材▼「お手紙」・『がまくんとかえるくん』シリーズ

1 単元の特色と趣旨

アーノルド＝ノーベルの『がまくんとかえるくん』シリーズには、子どもたちが大好きなお話がたくさんあります。「がまくん」と「かえるくん」の温かな友情や、相手に対する素直な自己表現が、子どもたち自身の生活へとつなげることができるからでしょうか。

また、本事例の授業学級も、とても温かな学級でした。素直に友達のいいところを言い合える、認め合える学級でした。そんな学級の子どもたちは、音読も大好き。みんなの前でも、大きな声で音読をすることができました。

この単元では、「がまくん」と「かえるくん」の行動や会話を、それまでの様子や、他の作品とつなげながら想像を広げて読み、それを音読に表すことを考えました。また、自分の経験と結び付けて、感想をもつことも期待しました。想像を広げた自分の考えや音読、経験と結び付けた感想を、友達と交流するなかで、お話のおもしろさを感じ、より楽しんでほしいと願いました。

2 単元の目標

(1) 全体目標

場面の様子について、「がまくん」と「かえるくん」の二人の登場人物の行動や会話を中心に、想像を広げながら読んだり、自分の経験と結び付けて感想をもったりし、音読発表をすることができる。

(2) 評価の観点

○「お手紙」やがまくんとかえるくんシリーズを進んで読んでいる。(関)
○最初と最後にある二人でお手紙を待っている場面をつなげながら、想像を広げて読んでいる。(読)
○自分の経験と結び付けて二人の登場人物の様子を解釈し、音読で発表し合っている。(読)

3 単元計画

第一次 「お手紙」を読み、他の『がまくんとかえるくん』シリーズを知り、単元の見通しをもつ。
※シリーズの本は教室に置き、教師が読み聞かせをしたり、子どもたちが並行読書をしたりする。

第二次 「お手紙」について音読練習をする。

シリーズの中で自分の好きなお話の音読練習も並行して行う。
※どうしてそう読むのか、友達と読みの交流を行いながら音読する。

第三次
音読発表会を行い、互いの感じ方や考え方を認め合う。

4 授業の実際―残念な交流となってしまった要因を探る―

十分に教材研究をして授業に臨んでも、すべての授業で交流がうまくいくわけではありません。ここでは、恥ずかしながら、残念な交流となってしまった二つの事例を紹介しながら、どうしてそうなってしまったのか。どうすれば有意義な交流となったのか考えてみたいと思います。どちらも第二次の授業場面です。

(1)「がまくんが大事。お手紙をもらったことがないから。」という麻衣

麻衣《まい》がいるAグループが、がまくんと悲しい気分で座っていたかえるくんが突然家に帰り、がまくんにお手紙を書こうとする場面を音読しようと、グループで考えていました。

麻衣：「ぼく、もう家へ帰らなくちゃ、がまくん。」というかえるくんの会話は、早口で言いたいな。がまくん（のこと）が大事。お手紙もらったことがないから。
早紀《さき》：そうだね。親友が大切だもんね。早口で音読しよう。
教師：なるほどね。がまくんのために、急いでいるんだね。

麻衣：じゃあ、他のところは？〔他の表現の音読の仕方を考える〕

そして、Aグループは、この「かえるくん」の会話を早口で音読し、聞いていた子どもたちも、「早口でよかったです。」と感想を発表しました。

子どもたちは、感じたことを素直に表していますが、読みの深まりは残念ながら、ありませんでした。なぜでしょう。

一つ目の原因は、麻衣が言う「お手紙をもらったことがない」ということを表す叙述や、「がまくんが大事」ということがわかる叙述と関係付けていなかったからだと思われます。

教師：「お手紙をもらったことがない」とわかる表現は、どこ?そこは、どう音読する?

などと、問い返していれば、「**いちどもかい。**」「**ああ。いちども。**」などの叙述も関係付けながら、さらに深まりのある交流となったことでしょう。

また、本文ではそのあとに「**大いそぎで**」という叙述があるので、「早口で音読する」という音読の方法には、だれも異論がありません。つまり、「ずれ」がないのです。

しかし、かえる君の「**ぼく、もう 家へ帰らなくちゃ、がまくん。しなくちゃいけないことが、あるんだ。**」という会話の中で、特にどこを早口で音読したいか交流すると、きっと、次のような交流も生まれたかもしれません。根拠とする叙述の「ずれ」です。

A子：「**ぼく、もう**」ってとこが、すごくあわてている感じがする。
B夫：「**くっちゃ**」とか「**しなくちゃ**」もそうだよ。やらなくちゃいけないことだから、早くやろうとしている感じ。
C美：「**あるんだ。**」の「**だ**」も、かえるくんの強い気持ちがありそうだから、早く読みたいな。

子どもたち自身が、考えの微妙な「ずれ」を意識できるような支援をしていく必要性があるのでした。「ずれ」が生じない子どもたちの考えに、教師が共感することはもちろんですが、それだけでは、よりよい交流にならないことを実感しました。

⑵「心はうれしいけど、読み方はふつうがいい。」という俊介

佐織《さおり》がいるBグループが、後半のお手紙を待っている場面を音読発表（第二次での練習発表）してくれました。佐織は、「かえるくん」が「がまんくん」にお手紙を書いたことを自分で言ってしまい、さらに、書いた文面も話してしまったあと、がまくんが、「**ああ。**」と言う部分を「うれしそうに音読したい」というねらいをもち、それをみんなに伝えてから音読発表をしました。

（Aグループの音読発表が終わる）
教師：今のAグループの発表はどうでしたか。
真理《まり》：がまくんが、うれしそうな感じで高い声だった。

香里《かおり》：うれしそうだった。
教師：がまくんのうれしそうな感じ、伝わってきた？ **「ああ。」** はどう？
真理：さっきと同じなんだけど、うれしそうに高く読んでいた。
俊介《しゅんすけ》：カラスの「カアー。」みたいな。でも、平仮名だよ。片仮名じゃだめだよ。「あ」が普通に二回の方がいい。心はうれしいけど、読み方はふつうがいい。
裕真《ゆうま》：なんで **「ああ。」** なんだろうね。「ああ、やっちゃったみたいな。」感じかな。ハハハ。
教師：…次にCグループ発表お願いします。

この場面、二つの反省点を考えました。

一つ目。音読の感想（音読の評価）だけを発表し合うのでは、交流は生まれないということです。佐織の音読が、「うれしそうだったかどうか」は聞いた子どもの主観によります。「うれしそうだった」と感じるか、「そうでもない」と感じるか、主観の問題であり、論理的には絡み合うことはないということです。また、「うれしそうに読みたい。」と思っても、佐織の音読の技術として、それを表すことができるかどうかは、これもまた別問題なのです。佐織の音読が「うれしそうではなかった」としても、佐織の想像したがまくんの「うれしい気持ち」までもいけない、ということにはならないということです。

ここでは、真理や香里は、佐織の「うれしそうに読みたい。」という思いを受け、「うれしそうだった」と感想を発表します。しかし、当然ながら、交流は生まれず、真理の発言の後、香里はその発言をなぞっただけでした。「うれしそうに読めた」か「読めていなかったか」では、交流は生まれないのです。しかし、真理は「高い声」だから「うれしそうな感じ」と発言しました。ここでもし、私が、

教師：低い声で「ああ。」と読んでみよう。どんな感じがするかな。

と問い返したらどうなったでしょう。みんなで高い声（明るい声）と低い声（暗い声）両方の音読をしてみて、感じたことをペアで交流したら…。

D子：低い声だと、そんなにうれしそうじゃないなあ。
E夫：そうだね。かえるくんから手紙をもらって喜んでいる気持ちは、明るく「**ああ。**」といった方がいいね。
D子：でも、「やったー。」じゃないから、あんまり大きすぎてもいけないね。

このような交流が生まれたかもしれません。高い（明るい）と低い（暗い）という音読の「ずれ」を交流することから、「がまくん」の気持ちをより深く考えていったかもしれないのです。

反省点の二つ目。俊介の発言した真意を私が読み解くことができず、反応できなかったので、生まれかけた交流をよりよい交流とすることができなかったことです。

俊介は、真理の「高く」から、「カラスの『カアー。』みたいな」感じで、「**ああ。**」を音読することに納得していないのです。（もちろん、真理も「カアー。」みたいに読んでいてよかったと言っているわけではありませんが）。しかし、筋道立てて発言していないので、私にも、友達にも理解されず、

読みの交流の大きな入り口に立っていたのですが、みすみす通り過ぎてしまったのでした。

俊介は、片仮名と平仮名の表記から「ずれ」を語ります。しかし、「そんなのどうでもいい。」と思ってしまった私。

でも、実際に表記してみると、ちがいは明白でした。

> 教師：俊介君が言うように、「**ああ。**」と「アア。」では、どんなちがいがあるかな。

こんな教師の支援が必要だったかもしれません。確かに、片仮名の「アア。」では、叫んでいるようで、このときのがまくんには合いません。それに対し、「**ああ。**」だと、うれしさとともに、何か落ち着きのようなものも感じるのです。

だから、俊介は発言の後半で、「『あ』が普通に二回の方がいい。心はうれしいけど、読み方はふつうがいい。」と言うのでした。楽しく、明るく愉快なうれしい気分というより、じっくりと喜びをかみしめて、かえるくんの行為をありがたく感じている様子だと、想像したのかもしれません。

「『**ああ。**』は普通がいい」という俊介の発言に、そういった深い考えを読み取れたはずでした。これを読みの交流にすることで、俊介自身も自分の考えをはっきりさせることができますし、友だちも自分とは「ずれ」のある俊介の考えにより、より深く考えることができたのです。

ただ一人、裕真は、俊介の発言に反応しました。「なんで『**ああ。**』なんだろうね。」と言うのです。そのときに私は、「『**ああ。**』ってあるから、『**ああ。**』なんだよ。」と乱暴なことしか考えられませんでした。でも、確かに、…。

教師：みんなだったら、何て言うかな。
F男：「ほんとう？うそでしょ？」って言うかな。
G子：「やったー。うれしいよ、かえるくん。ありがとう。」ってお礼を言うと思う。
教師：なんで、がまくんは「**ああ。**」なんだろうね。ペアで話してみようか。
H郎：だってさあ、…〔交流が続く〕

という交流が生まれたかもしれません。「**ああ。**」と言った「がまくん」（「**ああ。**」としか言えなかったのかもしれません）の気持ちを、前後の場面とつなげながら読み深めることができたことでしょう。また、裕真の「『ああ、やっちゃったみたいな。』感じかな。」も、おもしろい考えでした。裕真の自分の経験からの例えの「ああ、」とがまくんの「**ああ。**」を比べてみたら…。きっと豊かな交流となっていったことでしょう。

子どもたちは、喜んで音読発表会を行いました。子どもたちの意欲に救われた感じがします。よりよい交流を進め、さらに楽しんで力が付くようにしたいなあと、切に感じたのでした。

5 並行読書について

（1）並行読書の意義

この単元では、『がまくんとかえるくん』シリーズの並行読書を行っています。並行読書の意義はいくつかありますが、一つは、読書の幅を広げるということです。教科書教材のみ読むのではなく、同じシリーズの本、同じ作家の本、似たようなジャンルの本を複数読むことで、多くの本に出会うことができます。読書の幅が広がることで、交流の幅も広がります。また、並行読書を行うことで、授業で扱う教材をより深く読んでいくことができるというよさもあります。これは、後述の「やまなし」を中心教材とした高学年の事例を読んでいただけると、よくわかると思います。

並行読書により、より「広く」「深く」「高い」交流が生まれるでしょう。教材文だけ読めるのではなく、教材文で学んだ力を活用しながら、教材文以外の作品も豊かに読んでいきたいものです。

（2）並行読書と家庭学習

学校の読書の時間や休み時間等で並行読書を行うだけでなく、家庭学習でも行うとより有効的です。その際、気に入った場面や描写を書いてくる、感想を書いてくるなど簡単に記録を残しておくとよいでしょう。さらに、「教材文で学んだことと似ているなあと思ったところ」など、授業と意図的に関連させることもできます。そして、家庭で並行読書したことを、今度は授業で発表し合うなど生かしていくのです。そして、Ⅱ章Q2ページのような学級通信で学びの様子を保護者にも紹介していくのです。

中学年

単元「『モチモチの木』カルタをつくろう」

言語活動「豆太やじさまの気持ちや様子をかるたの読み札に表す」

三年　学習材▼「モチモチの木」

1 単元の特色

(1) 単元の趣旨

子どもたちは、冬休み中にかるたに親しんだり、二学期には「音訓かるた」を作成したりして、かるたを身近に感じていました。子どもたちは「モチモチの木」に描かれている滝平次郎の絵をとても興味深く受け入れることでしょう。今回は、図工の授業と関連付け、色版画で製作することにしました。また、子どもたちは主人公の「豆太」に同化し物語を楽しんでいくことが予想されます。物語を読んだおもしろさを読み札に表すことは、短い言葉で登場人物の様子などを表すことが必要で、子どもたちは、文章をよりしっかりと読んでいこうとするでしょう。

そこで、「豆太やじさまの気持ちや様子をかるたの読み札に表す」単元を構想しました。

(2) 学習材について

大木に色とりどりの灯がついている滝平次郎の絵が先に描かれ、その絵から斎藤隆介が「モチモチの木」の物語をつくり上げた話は、有名な話です。齋藤隆介は、滝平次郎の絵について「格調高く、描写は的確で」あると書いています（「『モチモチの木』に添えて」（岩崎書店）。滝平次郎の絵と斎藤隆介の文章は、切っても切れない関係にあるのです。

例えば、「豆太」の臆病さを強調している場面では、体の向きや目の動きなどで、「豆太」の様子を的確に描いています。同時に、文章にも書かれている「じさま」の「豆太」への優しさや、モチモチの木の怖さも、一枚の絵で表しているのです。

さらに、冒頭部分の絵と終末部分の絵は、どちらも「じさま」の腕の中に抱きかかえられているものです（岩崎書店版絵本）。しかしながら、終末部分の絵の方が、どこか雰囲気が明るい感じがします。登場人物の気持ちの変化を表しているのです。

本文は、語り手の「豆太」への視点によって進みます。読者は、その語り手の「おくびょう豆太」という見方に乗りながら、でも、どこか「豆太」をかわいそうに思いながら読み進めていきます。だから、モチモチの木に灯がついている様子を見たときには、「豆太」以上に喜びながら読みますし、最後、また「じさま」をしょんべんに起こす叙述は、スーパーヒーローでない「豆太」の人間的なかわいさと、霜月二十日の晩にとったじさまへの必死の思いからの行動を、際だたせています

子どもたちは、このような斉藤の文章と滝平の挿絵とを結び付け、楽しみながら読み進めていくことでしょう。今回、テクストとして、岩波書店「モチモチの木」の滝平の絵に、光村版の教科書の本文を載せたものを作成し、モノクロながら一人一人に配布しました。

2 単元の目標

（1）全体目標

場面の移り変わりや登場人物の様子を想像しながら読むことができる。

（2）評価の観点・方法

① 「豆太」のモチモチの木に対する見方とその変化、およびそこから生じる「豆太」の人柄を読んでいるか。

② 「豆太」の「じさま」を思う気持ちや、「じさま」の「豆太」を思う気持ち、およびそれがどんな場面でも変わらない様子を読んでいるか。

◇毎時間の後半で作成する「モチモチの木」かるたの読み札

◇授業中に書かれた学習カードへの記述

◇音読の様子

3 単元計画

次	時	学習活動	○指導上の留意点　☆評価
一	1	①「モチモチの木」を読み、感想をもつ	○興味と見通しをもてるように、題名と挿絵

	2	②五つの場面と十五枚の絵から、かるたづくりの計画を立てる	を提示し、感じたことを問う。 ○本文の音読を行いながら、小見出しと挿絵を結び付け、疑問点を挙げながら学習計画を立てる。 ☆「モチモチの木」に興味をもち、単元の学習計画を立てられたか。
二	7～3	③次のことについて読み、カルタの読み札をつくる ・「豆太」の人柄と行動 ・モチモチの木の様子 ・「豆太」と「じさま」の関係 ・最初と最後のちがい	○挿絵のアップを提示したりしながら、豆太の人柄やモチモチの木の様子についての気付きを板書で位置付ける。 ○擬人化した表現と挿絵を結び付けながら、音読したり動作化したりするよう促す。 ○読み取ったことを読み札に表すよう促す。 ☆登場人物の様子などを読み、読み札をつくれたか。
三	10～8	④「モチモチの木」かるたを五十音に気を付けながら整える ⑤かるたを見合ったり、遊んだりする	○どんな思いでその読み札や絵札を作ったのか問い、その思いに共感する。(取り札は、図工の時間を使い色版画で制作する) ☆それぞれの読み札の思いやよさを感じられたか。

4 授業展開

(1) 本時のねらい

本時は、「医者様」を呼びに行く「豆太」の行動から読み札を作る学習場面です。この「**走りだした**」瞬間は、「**医者様をよばなくっちゃ。**」と「**豆太は、小犬みたいに体を丸めて、表戸を体でふっとばして走りだした。**」のたった二文で一枚の挿絵を使っています。

どうしてこの瞬間だけ一枚の絵なのか考える中で、次のことをねらいとしました。

○「豆太」の様子を表す「**小犬みたいに**」などの比喩表現や、「**ふっとばす**」などの強調された表現に着目して読んだり、前後の場面の「豆太」の様子と比較したりすることを通して、「**走りだした**」ときの「豆太」の様子を想像しながら読み、読み札をつくること

(2) 指導のポイント

まず、子どもたちが、「豆太」の行動を表す表現に気付くことが大切です。自分の考えと、どの叙述からそう考えたのか根拠を学習カードに書き込む時間を設けます。

それぞれの考えを、ペアで交流したり全体で交流したりする時間も設けます。このときに、「**小犬みたいに**」や「**ふっとばした**」などの叙述を、別の表現に言い換えて考えたり、その叙述を抜き取ったりしながら、どんな感じがするか交流するのです。

また、前後の場面の「豆太」の様子はどうか問い、子どもたちが気付いた豆太のちがいに共感しま

す。このような交流を通して、「**走りだした**」ときの豆太の様子を想像しながら読んでいくのです。

（3）授業の実際（個人の考えをもち、パートナーで交流した後、全体で交流する場面）

①全体での交流前半〈広げる〉

匠《たくみ》は、「急いでなきゃ、表戸をふっとばさない。急いでいるから『**ふっとばした**』。」と発言します。一弥《かずや》は、「匠君と同じで、じさまを何が何でも助けたいと思ったから、『**ふっとばし**』たんだと思う。」と続けました。この一弥の「巧君と同じで」は、根拠となる叙述が同じということなのです。でも、理由はちがいます。教師は、黒板に「**ふっとばした**」という叙述を書くとともに、「急いでいる」という匠の考えと、「じさまを助けたい」という一弥の考えのちがいが明確になるように位置付けました。すると伸一は「大好きなじさまを死なせたくないから『**よばなくっちゃ**』ってなった。」と発言しました。伸一の発言は、一弥と根拠となる叙述はちがうものの、「じさま」を死なせたくないという思いは、共通しているのです。そのあと、「豆太」の会話について、璃《り》子《こ》やジュリヤの発言が続きました。

すると、圭介がふと、「**くっちゃ。**」とつぶやいたのです。教師はそのつぶやきを拾い、「『**くっちゃ**』じゃなくて、『**よばなくちゃ**』だったらどうだろう。」と問い返し、グループで交流する時間を設けました。子どもたちは、体だけ向き合い、口々に感じたことを交流しました。

豆太の切羽詰まった思いと、自分がやるんだ、という強い思いを、子どもたちは「**よばなくっちゃ。**」から想像して読んでいたのでした。

グループの交流の中で、弘道が「なんで、このときだけ…。」と疑問をつぶやきました。教師が、この疑問に共感し、全体に広めると、子どもたちは、「豆太」の「じさま」への思いを語り出したのです。

春香《はるか》は、「じさまが緊急事態になって、開ける暇がないから、『**小犬みたいに体を丸めて**』走りだした。」と発言。「**体を丸めて**」走りだした「豆太」に、共感の声が上がりました。

【弘道のグループの交流の様子】
千晶「なんか、のんびりしている。」
礼子「気合いが入っていない。」
明彦「『そうだ、医者様をよぼう！』は？」
千晶「そんな時間なんてないんだよ。」
弘道「なんで、このときだけ…。」

伸一も挿絵を指さしながら、「足がすごい。背中も丸めている。」と指摘しました。教師は、「その前の晩に、じさまの話を正座して聞いていたときの姿勢とすごいちがいだね。」と、前の場面の挿絵を紹介し、前の場面の「豆太」とこの瞬間の「豆太」のちがいを明確にしました。

子どもたちは、「じさま」のことを思い、飛び出した「豆太」の様子を豊かに想像しながら読んでいったのです。

②全体での交流後半〈深める〉

修平は、「今までの豆太は臆病な目つきだったけど、ここの豆太は臆病な目つきじゃなくて、真剣な目つき。」と、挿絵の中の「豆太」の目つきのちがいについて発言しました。「『おくびょう豆太』ではなくて、『勇気百倍豆太』だね。」（萌子）、「最強豆太だ。」（総一郎）など「豆太」に寄り添う発言につながりました。

紅音《あかね》は「このページは、あんまり文がなくても、こんなに「豆太」の気持ちがわかる。だから、一枚の絵なんだ。」と語りました。教師もそれに共感するとともに、「よかったね。豆太は、勇気豆太になって。」と豆太が変わったことを板書でも位置付けました。

すると、裕也が「でも、次のページは泣いている。」と発言し、次の場面とつなげながら読み始めたのです。礼子はすぐに「『**足に霜がかみついた**』ように痛くて、それから『**足から血が出た**』から、泣いちゃった。」と擬人法で表された痛さや寒さが書かれていることに気付き、「豆太」は泣いてしまったと発言します。すると、「**なきなき**」がもう一か所あることに気付いた子どもたちからは、「反復、反復。」という声が上がりました。朋花《ともか》は、「『**大すきなじさまの死んじまうほうがもっとこわかった**』から、なきなき走った。じさまへの気持ちの方が強い。」と、痛さや寒さ、怖さから泣いたのより、「じさま」の死への怖さで泣いて走ったというのでした。

③読み札をつくる 〈高める〉

このような交流を通し、子どもたちは、次のような読み札をつくりました。じさまのために一心に小屋から走りだした豆太の様子を想像しながら読み札をつくっていることが感じられます。

友達と気付いたことや考えたことを交流しながら、豊かに読み深めていった子どもたち。「モチモチの木」という物語も楽しみ、読む力を付けるとともに、交流する楽しさも味わったのでした。

ゆうき豆太　おくびょう豆太
どちらの豆太も
かわいいな　（梨花）

㋹いせいに
戸を開けないで
ふっとばす　（朋花）

㋑ますぐに
いそがなくちゃ
じさまが　たいへんだ（総一郎）

高学年

単元「賢治作品と私の生き方」

言語活動「賢治作品と自分の生き方とをつなげスピーチを行う」

六年 学習材▼「やまなし」・「イーハトーヴの夢」・他の賢治作品

1 単元の特色と趣旨

宮沢賢治の「やまなし」は、生き物が登場人物であり、ストーリー的には単純なものです。しかし、内容的には難解であり、何を言いたいのかわからないという感じを子どもたちはもつでしょう。単純な作品の中に作者賢治の思いが込められている文章を読み解くことは、小学校の最終学年における物語教材として、ぜひ挑戦させたいところです。しかし、優れた文章表現（色彩表現・オノマトペ・反復表現など）を表現技法として分析的に扱うのは、作品を楽しんで読み解いたことにはなりません。

本単元では、子どもたちは一読者として、「やまなし」の登場人物や場所について考えます。その中で、賢治の優れた文章表現に触れたり、並行読書した他の賢治作品や「イーハトーヴの夢」（光村図書「国語」六年所収）と比べたりしながら、友達と読みの交流をし、自分の読みを深めていくことを期待しました。そして、自分の生き方とつなげながら（賢治の生き方を決して教訓的に読んだりすることなく）振り返り、スピーチとして発信していく単元としました。

2 単元の目標

（1）全体目標

作品の中の優れた叙述について味わいながら読むとともに、場面の様子や登場人物の様子を作者の思いと自分の生き方とつなげながら考えて読んでいくことができる。

（2）評価の観点

○「やまなし」や賢治の作品を進んで読み、考えを広めようとしている。（関）
○対比されている場面の様子について、色彩表現などに着目し、想像しながら読んでいる。（読）
○登場人物の様子について、「ほのお」にかかわる表現やオノマトペなどの表現に着目し、賢治の思いとつなげながら考えて読んでいる。（読）
○題名や他の賢治作品を、自分の生き方とつなげながら読んでいる。（読）
○比喩や反復などの表現の工夫に気付くと共に、作者の意図や作品の中の役割に気付いている。（言）

3 単元計画

第一次 「やまなし」「イーハトーヴの夢」を読み、他の賢治作品を知り、単元の見通しをもつ。
第二次 「やまなし」について読み深める。
※他の賢治作品の並行読書をする。

 読み深めたことをスピーチにまとめ、発表する。

4 交流を中心とした授業展開

（1） 学習問題（子どもの問いを焦点化した本時学習する話題）を設定する

第二次の各時間での学習問題は次のとおりです。

○第三時：五月の「**底**」「**水の中**」「**天井**」、どこが一番いいところだろう。
○第四時：「**かばの花びら**」は「**天井のアイスクリーム**」にならないのはどうしてか。
○第五時：十二月の「**底**」「**水の中**」「**天井**」、どこが一番いいところだろう。
○第六時：「**やまなし**」は「**天井のアイスクリーム**」になったのか。
○第七時：「**やまなし**」と「**かにの親子**」と「**かわせみ**」のどれがいいか。

これらの学習問題は、一見すると、一般的でないかもしれません。しかし、子どもたちは学びを進めていくなかで、自分たちが疑問に思ったことから問いを立て、このような学習問題としていきました。

ここで気を付けなければいけないのは、次の三点です。

ア　子どもたち一人一人にとって必要感のあるものとなっているか。
イ　学習指導要領の指導事項に結び付くものとなっているか。
ウ　子ども同士の読みの交流が生まれるものになっているか。

ウにある「交流が生まれる」学習問題という視点で先の学習問題を見ていくと、次のような特徴があります。

①読者である自分はどう思うか

例えば、第七時の「『**やまなし**』と『**かにの親子**』と『**かわせみ**』のどれがいいか」をみてみましょう。当然ながら、これにはいわゆる「正解」はありません。「**トブン**」と落ちてくる「**やまなし**」でも、川の底で生活している「**かにの親子**」でも、かにの親子に恐怖を与える「**かわせみ**」でも、どれでもいいのです。

大切なのは、どうしてその登場人物を選んだのかという「理由」と、本文のどの叙述からそう感じたのかという「根拠」なのです。この「理由」と「根拠」を交流することにより、子どもたちは自分の課題を解決しながら、指導のねらいが達成されることになるのです。

実際の授業では、多くの子どもが「**やまなし**」がいいと選びました。これは予想されたことです。次は、「**かにの親子**」。「**かわせみ**」がいいというのは、動植物が好きな圭介《けいすけ》と大和《やまと》だけでした。

「かわせみ」がいい

子どもたちは、読者である自分がどうしてその登場人物がいいと感じたのか、他の読者である友達はどうなのか、自分と同じなのか違うのか、子どもたち同士が読みの交流をしながら考えを深めていきました。

②読み取らせたい内容や読みの技能に直結しない

前ページのイにあるように「指導事項」と結び付けて、「付ける力」を意識することが大切なことは当然のことなのですが、ともすると、直接的にそのことを学習問題に設定してしまうことがあります。

例えば、色彩表現の豊かさから賢治の表現のよさを読み取らせたいと教師が思ったときに、「どんな色彩表現があるだろうか」や「色彩表現の意味を考えよう」などは、直接的な学習問題の類です。これだと、アにあるように、子どもたちに必要感のあるものとなっているか、疑問です。特に、読むことが苦手な子どもたちにとって、興味があまり高まらないことが予想されます。実際の授業も、読むことが得意な子どもが色彩表現をどんどん見つけ出し、さらに、教師が期待するような意味をも発表する、というものになってしまいがちです。

本単元の第三時、「五月の『**底**』『**水の中**』『**天井**』、どこが一番いいところだろう」で、愛香は次のように振り返りを書きました。

「色彩表現がたくさんあって、内容を深く読むと、ちがう見方がたくさんあって、もっと深めていきたいと思います。それから、「**サラサラ**」って少し静かな雰囲気をかもし出している気がします」

色彩表現を直接的に学習問題で問わなくても、必然的に賢治の色彩表現やオノマトペに焦点があたり、そのよさを深く考えていっているのです。

では、（1）で最初に示したような学習問題で子どもたちが追究していったときに、子どもたちはどのような読みの交流をし、教師はどのようにそれを支えていったのでしょうか。

（2）板書で読みの交流を可視化する〈広げる・深める〉

板書は、子どもたちが読みの交流をする際に、非常に有効的に働きます。ただ、子どもの考えを羅列的に書いたり、教師が押さえたいことをまとめて書いたりするだけでは、もったいないです。

第七時、学習問題「『**やまなし**』と『**かにの親子**』と『**かわせみ**』のどれがいいか」の板書をみてみましょう。子どもたちが読みの交流をしているときの発言を板書したものです。板書の空間と間（ま）が、子どもたちの追究を大きく支えていることがわかります。

大きくは三人の登場人物によって、黒板を三等分しています。まず、いいと思う人数が多かった「**やまなし**」と「**かにの親子**」から発表してもらいました。その根拠やいいと思う理由に、友達は、「なるほど」とうなずきながら聞いたり、つなげて発言したりしていきました。

教師は、両方向の矢印を、「**やまなし**」・「**かにの親子**」と「**かわせみ**」の間に書きました。「**かわせみ**」「**やまなし**」「**かにの親子**」とはちがい、死をもたらすという子どもの考えからです。でも、かわせみの挿絵の下はまだ、空いています。間（ま）があるのです。

いよいよ「**かわせみ**」がいいと言った、大和と圭介の出番です。本人も、その時を待っているようでしたし、他の子どもたちも二人の考えを待っていました。

大和は、「**いきなり飛び込んできました**」を根拠とし、「かにの兄弟を怖がらせたかったわけじゃない。生きるために仕方がない。」と発言し、だから、精一杯生きている「**かわせみ**」がいいと発言するのでした。圭介は、前単元で読んだ『海の命』の与吉じいさの言葉「**千匹に一匹でいいんだ**」とつなげて、「かわせみも生きないといけない。生きるために魚を捕ったんで、それはしょうがない。かわせみも悪気があったわけじゃない。」と大和に続けました。

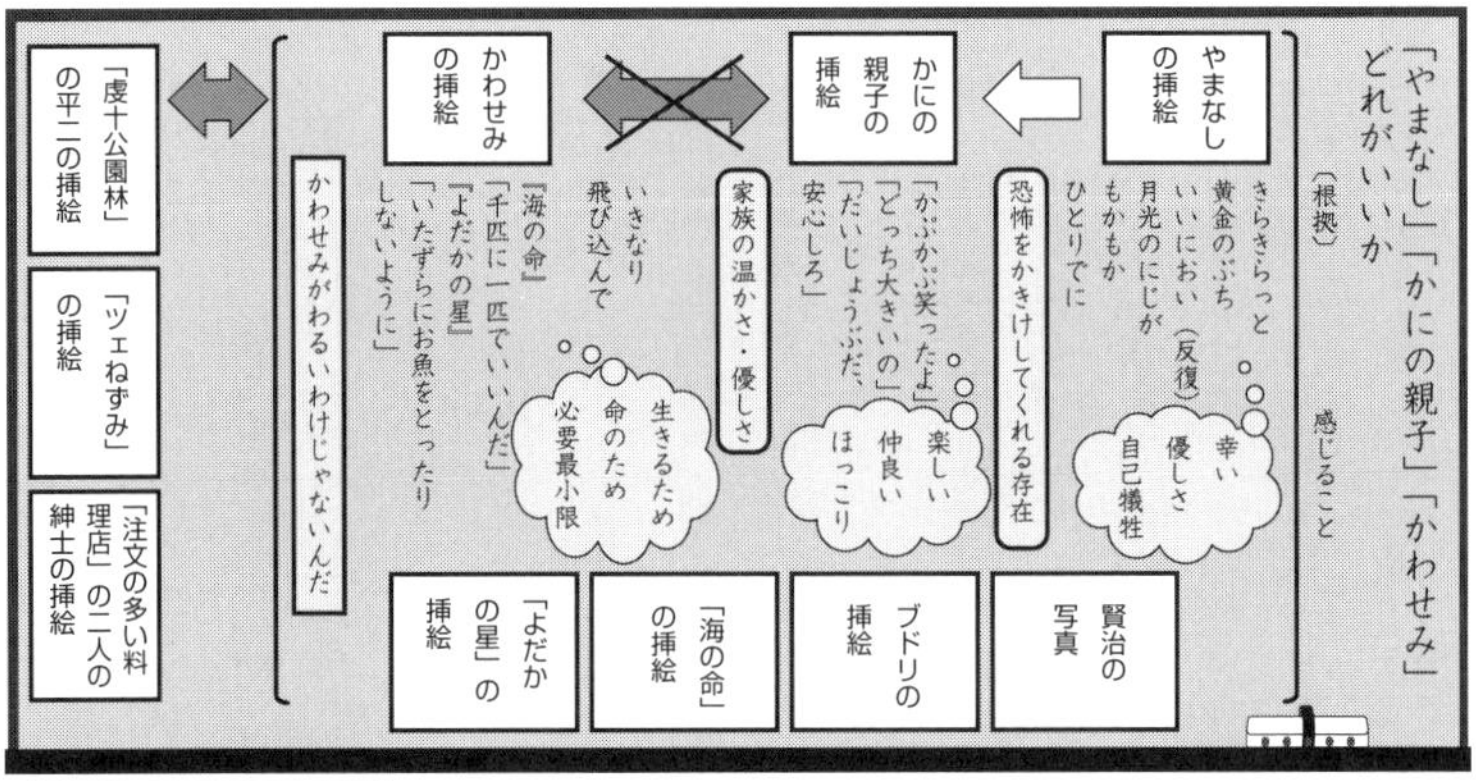

意見の下に発言した子どもの名前が書かれます。

すると、綾音《あやね》は関連作品として自分たちが読んでいた『よだかの星』（賢治作品の中で綾音が一番好きな作品だそうです）から「**いたずらにお魚を〜**」という一節を引用し、生きるために必要最小限に魚を捕っている「**かわせみ**」を肯定するのでした。教師は、先ほどの両方向の矢印に大きく「×」を書き加えました。そして、三者（与吉じいさとよだかも含めて）を大きく「括弧」でくくり、さらにその左に両方向の矢印を書いたのです。両方向の矢印の右側には「**やまなし**」「**かにの親子**」「**かわせみ**」があります。両方向の矢印の左側には「間（ま）」があります。大介《だいすけ》が、ふと「平二」とつぶやきました。教師がそのつぶやきの中身を問い返すと、大介は、

「虔十は杉の苗を植えたんですけど、平二は自分の畑が陰になるって言っている。『**南から来る風を杉は防いでいるのでした**』ってところで、虔十のおかげで農作物が余計育つ感じなのに、平二は逆に虔十を殴ったりする。『**やまなし**』の登場人物と正反対の生き方をしている。」

と発言するのでした。

子どもたちは、他にもそういった登場人物がいないかペアで交流し始めました。そのなかで、「ツェねずみ」や「二人の若い紳士」が紹介され、黒板にも位置付けられたのです。

（3）賢治の生き方と自分の生き方を考えた交流をする〈高める〉

奈緒美《なおみ》は、黒板を見ながら

「私もお肉を食べているから、生きるためには仕方がない。…賢治さんは、こういう（黒板左側の登場人物を指さし）生き方をしたくなかったと思う。…ブドリのような生き方をしたかったんじゃないかな。……私も、ブドリになりたい。」

と言うのでした。

登場人物はどれがいいか、という学習問題で友達と読みの交流をしていく中で、賢治の叙述の見事さを味わいながら、「やまなし」という作品に込められた主題や賢治の生き方、そして、自分の生き方を考えていったのでした。

それを聞き、「よだかの星」を紹介した綾音は、次のように語ります。

「自分が生きていくためには、犠牲になるものがあって、それ（犠牲になるもの）になることはできなくても、感謝したいと思います。『やまなし』や『よだか』や『ブドリ』の気持ちが少しわかった気がします。」

「生きる」ということは、何かを犠牲にしなければいけないことに、読みの交流を通して気付き、そのことに「感謝」して生きていこうというのでした。

この第七時、全体での交流で、実に二十一名の子どもが発言をしました。ペアでの交流（自然発生的なものを含め）も複数回あるので、全員の子どもが自分の考えを交流しているのです。

そして、交流する中で、賢治の優れた文章表現に気付き、味わい、他の作品を含め複数の表現と関係付けていったのです。そして、子どもたちはその学びを楽しんでいたのでした。

『交流』編

〈編著者・執筆箇所一覧〉※所属は執筆時

編集責任者
藤森裕治（信州大学教育学部教授）…Ⅰ章、Ⅲ章1

編著者
宮島卓朗（元上田市立清明小学校教諭）…Ⅱ章1、Ⅱ章2、Ⅲ章、Ⅳ章
八木雄一郎（信州大学教育学部准教授）…Ⅲ章2

企画編集担当
福永睦子（秀明大学教授）…Ⅱ章3、Ⅱ章4

〈シリーズ国語授業づくり　企画編集〉（五十音順）

泉　宣宏
今村久二
大越和孝
功刀道子
福永睦子
藤田慶三

シリーズ国語授業づくり
交流
―広げる・深める・高める―

2015（平成 27）年 8 月 10 日　初版第 1 刷発行
2019（令和元）年 8 月 11 日　初版第 6 刷発行

監　　修：日本国語教育学会
企画編集・執筆：福永睦子
編　　著：藤森裕治・宮島卓朗・八木雄一郎
発 行 者：錦織　圭之介
発 行 所：株式会社　東洋館出版社
〒 113-0021　東京都文京区本駒込 5 丁目 16 番 7 号
営業部　電話 03-3823-9206　FAX03-3823-9208
編集部　電話 03-3823-9207　FAX03-3823-9209
振替　00180-7-96823
URL　http://www.toyokan.co.jp
デ ザ イ ン：株式会社明昌堂
印刷・製本：藤原印刷株式会社

ISBN978-4-491-03142-2　Printed in Japan